O MENINO AFRICANO
QUE ACABOU COM O RACISMO

Editora Appris Ltda.
1.ª Edição - Copyright© 2023 do autor

Catalogação na Fonte
Elaborado por: Josefina A. S. Guedes
Bibliotecária CRB 9/870

B478m
2023

Bento, Jero
O menino africano que acabou com o racismo / Jero Bento. - 1. ed. - Curitiba : Appris, 2023.
160 p. ; 23 cm.

Inclui referências.
ISBN 978-65-250-4030-1

1. Racismo. 2. Discriminação racial. I. Título.

CDD - 305.8

Appris editora

Editora e Livraria Appris Ltda.
Av. Manoel Ribas, 2265 – Mercês
Curitiba/PR – CEP: 80810-002
Tel. (41) 3156 - 4731
www.editoraappris.com.br

Printed in Brazil
Impresso no Brasil

Jero Bento

O MENINO AFRICANO QUE ACABOU COM O RACISMO

FICHA TÉCNICA

Este livro é dedicado aos meus pais, Bento Jeronimo e Lucinda Andrade João da Costa. Foi graças a eles que eu pude adquirir a disciplina, que foi primordial na busca do meu propósito aqui na Terra, peço desculpas pela minha ausência e também sou grato a cidade de Ndalatando. Quero que esta mensagem chegue até eles para que saibam que somos todos deuses.

AGRADECIMENTOS

Agradeço a todos os meus mentores que participaram desta jornada, começando por Rassie Varwey, o homem branco que bateu na minha porta para me ensinar sobre a Bíblia. Agradecimentos a Rod de Witt, que me explicou o que era um filho adulto de alcoólatra, a Rodney Schiels, homem branco da piscina que me ensinou o amor na prática, a Nelson Faztudo, irmão de coração e o homem mais pacífico que conheci na Terra, Hélio Couto, pela sua contribuição com a Física Quântica, e também à editora Appris, por acreditar no meu sonho.

Tudo é informação ou consciência e toda informação tem uma energia e toda energia tem uma frequência vibracional que pode ser sintonizada.

(Prof. Hélio Couto)

APRESENTAÇÃO

Neste livro eu narro a minha experiência pessoal sobre o longo processo para me libertar da luta contra o racismo. Enquanto eu crescia, costumava ouvir as pessoas dizendo que precisamos ter o controle de nossa mente, alguns diziam que a riqueza é uma atitude mental, outros diziam que a felicidade está dentro de você, o que era contrário ao que eu acreditava, pois costumava acreditar que a riqueza e a felicidade são coisas que existem fora de nós e que devemos trazê-las para nossas vidas. Nesse período as diferenças raciais eram grandes demais para um menino na África compreender, meus fracassos eram extraordinários comparados com outras pessoas da minha comunidade, eu estava deprimido e suicida e sempre acreditei que havia algo de errado com este mundo. Então decidi investigar por que as coisas estavam tão difíceis na minha vida, e essa investigação levou cerca de 30 anos, envolvendo quatro países, começando na África e terminando na América do Sul. Deixe-me começar a história.

Algumas cenas foram alteradas e os nomes são fictícios, para não expor os autores. As cenas não são cronológicas, são de acordo com o tema, é apenas o resumo de uma longa pesquisa e não uma biografia.

Algumas ideias principais do livro são repetidas propositalmente para enfatizar o ponto.

O autor

SUMÁRIO

1.

BOAS-VINDAS

1.1 BEM-VINDOS À ÁFRICA

África é o segundo continente mais populoso do mundo, perdendo apenas para o continente asiático, e é o terceiro maior continente em território. Ela contempla 30% dos idiomas falados no mundo, isso sem contar com os dialetos; os principais idiomas são divididos em quatro grupos: as línguas afro-asiáticas, línguas khoisan, línguas bantu e as línguas do Nilo Saariana.

Os países mais conhecidos da África são Egito e Etiópia, esses dois países constam no livro mais antigo e mais vendido do planeta, que é a Bíblia. Outros países também muito conhecidos são: Nigéria, o Congo democrático, a Somália e a África do Sul; no extremo norte temos a África branca, que é predominantemente habitada por árabes; no centro os povos de origem bantus; e no extremo sul os descendentes khoisan, nas regiões que abrangem África do sul, Namíbia e Botswana.

De acordo com o banco mundial, os mais pobres na África vivem com menos de um dólar ao dia, o que significa abaixo da linha de pobreza. Muitos países africanos foram assolados por várias guerras sangrentas, causadas por grupos étnicos, religiões e corruptos em busca de poder. O continente registra um alto nível de natalidade, devido a crenças e cultura; por outro lado, com o avanço da tecnologia, muitos países estão prosperando e alcançando grades patamares no mercado internacional, como a África do sul, que levou a primeira copa do mundo a solo africano, em 2010. Também não vou deixar de destacar Ruanda, o país que se ergueu após o genocídio de 1994, e Angola, que está se erguendo após 27 anos de guerra civil.

Eu considero os africanos como os mais alegres da face da Terra, com essa alegria eles conseguem equilibrar os desafios da vida. Essa alegria é evidente na dança, que se manifesta tanto na felicidade quanto na tristeza. Muitos países celebram a morte, então é normal haver danças em velórios; na minha cultura, por exemplo, eu lembro que, no passado, passávamos a noite cantando e dançando em velórios e, ultimamente, tornou-se público uma empresa fúnebre do Gana, cujo serviço oferecido é dançar com o caixão. Na África do sul, por exemplo, durante as manifestações, eles dançam, então a dança e a música fazem parte da cultura africana, na alegria ou na tristeza. Nós brincávamos que a dança dos países tem a ver com a sua posição geográfica, por exemplo, a dança do Egito, que é no norte, lá eles dançam com as mãos para cima e mexendo a cabeça, já no Congo, que é no centro, eles dançam mais com o quadril, o chamado **Ndombolo**, e na África do Sul eles dançam mais com as pernas, o chamado **pantsula**, e vários cantores africanos fazem sucesso no mundo a fora.

No esporte, vários africanos fazem sucesso na Europa e nas américas, e o esporte que mais exporta africanos para Europa é o futebol. Se Martin Luther King teve o sonho de ver brancos e negros conviverem juntos, o meu sonho é de ver um país africano se consagrar campeão mundial de futebol sênior, o que não tardará, pois a África já possui vários títulos mundiais no esporte.

A maior parte dos países africanos falam o francês, a outra parte é dominada pelo inglês, e seis países da África fazem parte dos PALOP[1], que são: Angola, Cabo-Verde, Guiné-Bissau, Guiné-Equatorial, Moçambique e São-Tomé e Príncipe, e uma minoria tem o espanhol como língua oficial. Essas línguas europeias se instalaram na época da colonização.

Na África se encontra o segundo maior deserto do mundo, o deserto do Saara, e também os cinco maiores mamíferos conhecidos como os *big five*, que é composto pelo elefante, o leão, o búfalo, o leopardo e o rinoceronte, alguns dos mais conhecidos, que atraem milhões de turistas o ano todo nos grandes safaris africanos.

África é rodeada pelo Oceano Atlântico, pelo Oceano Índico, pelo mar mediterrâneo e pelo mar vermelho.

O ponto mais baixo da África é o lago Assal, localizado em Djibouti, e o ponto mais alto é a montanha Kilimanjaro, na Tanzânia

---

[1] Palop significa Países Africanos de Língua Oficial Português.

1.2 BEM-VINDOS A ANGOLA

A Angola é um país localizado na costa ocidental do continente africano e é banhada pelo Oceano Atlântico no oeste do país, é rodeada por três países vizinhos, o Congo Democrático, antigo Zaire, no norte do país; a Zâmbia, no leste; e a Namíbia, no sul do país.

Angola é um país rico em recursos naturais, com destaques para o petróleo e diamantes, é também rico na cultura, principalmente devido à culinária local. Existem muitos pratos típicos, como o funge (polenta) com feijão de óleo de palma, a kizaka[2], o kalulú, que é um molho de peixe com verduras, o mufete, que é um peixe grelhado mal-passado com salada, e a pevides, uma comida que se origina da semente da abóbora, eu adorava os que a minha mãe fazia, só para mencionar alguns.

Existem danças que têm a marca registrada angolana, como a kizomba, que vem sendo atualizada, surgindo versões diferentes em cada geração; a kizomba é dançada em par, como o forró brasileiro. Temos também o kuduru, em forma de *street dance,* uma dança que originou na favela e que ganhou espaço nacional e também internacional, e o semba, assim como outros sucessos culturais

As festas de sucesso em Angola eram determinadas pela boa música, dança e bebidas, estes eram os fatores principais para se classificar uma boa festa, a comida e o local eram os secundários na avaliação, até nos churrascos o foco é na dança, e não a carne, se tiver um churrasco sem dança, ele pode ser classificado como o pior de todos, pois a gente se reúne mais para dançar, então a dança é um patrimônio africano, presente na alegria e na tristeza.

Na flora temos a *welwitschia mirabilis,* a planta considerada imortal por causa da sua longevidade, e na fauna temos a rara *hippotragus niger variani,* conhecida como a palanca negra gigante, um animal ameaçado de extinção existente somente no território angolano. Temos também várias atrações naturais, como as quedas de calamdula, quedas do Ruacaná, serra da Leba e vários parques nacionais.

Angola tem alguns títulos mundiais, que são: a conquista do título mundial de Miss Universo 2011, em São Paulo, Brasil, e o futebol com muletas de 2018, em Guadalajara, no México. Já no continente africanos temos vários títulos, mas vou apenas destacar o basquete, no qual a Angola tem a maior quantidade de título na África.

---

[2] Kizaka, comida derivada das folhas do arbusto da mandioca.

Nasci na cidade de Malange, que fica a cerca de 380 km da capital Luanda. Papai nascido em Cacuso, município de Malange, e mamãe de Cuanza-norte, que tem como capital a cidade de Ndalatando. Quando eu tinha cinco anos de idade, minha família mudou-se para a cidade de Ndalatando, cidade natal de minha mãe, e acabei sendo registrado nessa cidade.

Ndalatando era uma cidade tranquila, os pontos de destaques eram o miradouro, um hotel com uma piscina na montanha com uma vista panorâmica da cidade inteira, e também o kilombo, um dos maiores jardins botânicos do país, com uma vasta variedade de frutas tropicais, como a pitanga, a nêspera, fruta-pinha, fruta-pão, a carambola e, talvez, o único lugar de Angola onde tem a jaca, o pessoal de outras cidades conheceram a jaca pelas novelas brasileiras. Temos também a rosa de porcelana, o símbolo da cidade, e na época havia a fonte de Santa Isabel, fábrica de água mineral que depois foi desativada. A cidade também era conhecida por uma estrada perigosíssima, o morro do binda, que liga Ndalatando ao dondo, estrada que ceifou muitas vidas, por causa do morro alto, até acreditava-se que tinha sereia no morro uma crença local

Cuanza norte é um dos maiores produtores de café e de banana do país, eu lembro que a banana a gente comia de todas as maneiras, banana fervida, banana assada, banana frita e a última opção era comer ela madura, e ainda se usava a banana para fazer pinga, o famoso **capuca**[3], que às vezes era adulterado. Para identificar o puro capuca, as pessoas molhavam o dedo na bebida e acendiam o fósforo, o puro capuca incendiava o dedo de tão forte que era, por isso, era preciso apagar rápido, para não queimar o dedo, esse era o teste básico do capuca genuíno.

A maior parte dos angolanos são bantus, um povo agricultor da África subsaariana, que estão divididos em mais de 350 subgrupos étnicos diferentes. Hoje ainda existem os vestígios da união passada nos idiomas existentes, por exemplo, se procurar, a palavra **nvula** significa chuva na maior parte dos bantus que cobre vários países; se procurar, a palavra **inhoka** significa cobra em quase todas as línguas dos bantus, e muitas palavras existem em várias línguas só com significados diferentes, e muitas das crenças também estão padronizadas. Eu sou da tribo dos kimbundus, que é também o nome da língua, os kimbundus formam a segunda maior tribo de Angola, perdendo apenas para os ovimbundus. Diferentemente dos outros países da África, que têm as línguas maternas nas escolas, em

[3] Capuca, bebida destilada derivada da banana, ou cana de açúcar.

Angola não existe línguas maternas ou africanas nas escolas, fala quem aprende em casa com os pais, e isso gerou um preconceito principalmente no norte do pais, então os jovens sentem vergonha de falar a própria língua. Se você visitar as capitais das cidades dos kimbundus, raramente vai encontrar um adolescente falando kimbundu, é todo mundo falando português, já no sul do país a coisa é diferente, eles foram mais fortes, o número de pessoas que falam as suas línguas maternas é bem maior.

Cresci num bairro muito humilde em Ndalatando, composto de casas de barro sem asfalto, sem eletricidade, sem esgoto e sem água encanada. Nós tínhamos nossa própria cacimba [4]em casa, onde tirávamos a água para o consumo familiar, os candeeiros a petróleo iluminavam nossa casa, nós éramos privilegiados porque tínhamos nosso banheiro externo, então não precisávamos ir ao mato, como a maioria dos nossos vizinhos. Possuíamos em casa quase todo tipo de animais, galinhas, cabras, porcos, até ovelhas a gente tinha no quintal de casa, eu era apaixonado por pombas e tinha meu pombal em casa, e uma época também tinha porquinhos-da-Índia, um bicho que não se cansa de comer.

Nós tínhamos nossas lavras e quase todos os finais de semana nós íamos trabalhar na roça, a gente cultivava de quase tudo, mandioca, milho, feijão, amendoim, inhame, quiabos, bananas; na época, os produtos industrializados que a gente comprava eram óleo, açúcar, sal e arroz.

A mandioca é o alimento básico, com ela a gente consegue fritar a mandioca para tomar com café, a gente consegue o funge, que é o alimento básico, e as folhas nos proporcionam a kizaka, também conseguimos extrair a farinha, então a mandioca é o mantimento mais poderoso que temos.

Eu sempre fui curioso, gostava de investigar as coisas. Muitas vezes meus pais se irritavam por não saberem todas as respostas das minhas perguntas, como qualquer outra criança, e uma pergunta não respondida me deixava noites e às vezes meses sem dormir. Muitas vezes eu não conseguia entender como muita gente consegue viver sem fazer perguntas ou se acomodando com as coisas do jeito que elas são, sempre que eu ia no bairro de alguém ou na casa de alguém, tinha sempre uma pergunta a fazer que a pessoa não sabia responder e, muitas vezes a resposta era, "sabia que eu nunca me perguntei".

Minha mais antiga lembrança de curiosidade que tenho era de quando eu tinha entre cinco a seis anos, nessa época vivíamos em uma

[4] Cacimba é posso de água artesanal .

casa com eletricidade e meu pai costumava escutar as notícias na rádio, um dia depois de ele sair eu fiquei escutando o rádio, mas eu não tinha interesse nas notícias, o meu interesse era saber como funcionava a eletricidade, desliguei o rádio da tomada e o rádio logo parou de funcionar, então liguei novamente, eu queria conhecer o estado físico da energia, e logo comparei o fio de energia do rádio com a mangueira de água. O que eu sabia sobre a mangueira de água é que se você travá-la em algum ponto, a água para de circular, então imaginei que a energia fosse do mesmo jeito, aí dobrei o fio do rádio, mas o rádio continuava tocando, dobrei e apertei bem firme e o rádio não parava de tocar, então tive uma ideia radical, apertar o fio com os dentes, até o rádio parar de tocar, apertei tão forte com os dentes que o fio descascou e tomei um choque nos dentes. Nesse momento aprendi o poder da energia, o choque foi tão forte que eu pensei que os dentes todos haviam saído da boca, fui correndo para minha irmã de boca aberta, perguntando se ainda tinha dentes na boca, ela olhou para mim como se fosse uma pergunta de doido, e antes de ela responder, saí correndo e fui para o guarda-roupas, para ver minha boca no espelho, chegando no espelho, os dentes estavam todos no lugar, mas ficou aquele gosto de sangue na boca, mesmo ela não estando sangrando. A partir de então, passei a respeitar a energia devido a uma experiência e privilégio raros, pouca gente na vida leva choque na boca. Poucos anos depois mudamos para um bairro mais humilde, sem saneamento básico, distrito acima.

Nessa época eu pensava que sabia ler, porque até o meu professor acreditava que eu sabia ler, só que na verdade eu decorava tudo. Às vezes o professor fazia umas pegadinhas, um aluno começava com a leitura e, depois, em algum ponto, pedia para parar e um outro aluno continuar, então, os que não sabiam ler se perdiam, mas os que decoravam tudo, no caso, eu, conseguiam dar continuidade à leitura.

Um belo dia um tio meu perguntou se eu já sabia ler, eu fui bem específico, dizendo que já sabia ler, mas só no meu material escolar, e ele perguntou: "como assim?". Aí ele explicou que quem sabe ler consegue ler tudo, até em jornal, foi naquele dia que fiquei sabendo a diferença entre decorar e saber ler, eu apenas fotografava as palavras.

2.

COMO ME TORNEI RACISTA

2.1 PROGRAMAÇÃO

Um ano depois do meu nascimento foi a independência de Angola da colônia portuguesa. A independência não foi pacífica, e levou à retirada da maioria do povo português de Angola, que voltou ao seu país original, Portugal. Alguns acabaram imigrando para outros países e uma memória permaneceu no país

Nasci puro, como todas as outras crianças. Como um computador, precisamos instalar os programas da humanidade. De acordo com especialistas, desde o nascimento até sete anos é o período em que programamos nossas mentes, e um dos programas que foi instalado em mim é chamado de racismo. Isso não foi feito intencionalmente, foi feito inconscientemente, então meus pais, minha comunidade e meu país não tiveram qualquer intenção de patrocinar a prática do racismo, ele foi instalado inconscientemente.

Como todos os outros programas, eles são instalados por repetição, observação e por exemplos, todas as coisas que eu costumava ver e ouvir, eu costumava gravar em minha mente. De acordo com especialistas, essas informações vão para nossa mente inconsciente, formando padrões que criam nossa identidade ou cultura, e que nos fazem ver o mundo como aqueles que já encontramos veem. Acabamos até formando as mesmas opiniões, todas baseadas na forma como as coisas foram introduzidas para nós e, na maioria das vezes, praticando a mesma religião, gostando das mesmas comidas, praticando os mesmos esportes, fazendo os mesmos trabalhos e até mesmo odiando as mesmas pessoas devido à influência daqueles que já encontramos. Agora você entende por que algumas nações se odeiam por centenas de anos, é ódio herdado. Mas e você, como você herda o ódio?

A resposta é: inconscientemente, das pessoas com quem você vive. Eles vão falando mal sobre seus inimigos e as crianças que estão ouvindo absorvem toda informação como verdadeira. O ódio vai de geração em geração pela programação mental, e essa programação, às vezes, é por sentimentos, o que eles sentem, você acaba emanando os mesmos sentimentos. Lembro-me uma vez que meu irmão mais novo estava brincando com o filho de um vizinho da mesma idade e, de repente, eles começaram a discutir e todo mundo simplesmente os ignorou. Eles sabiam que as crianças são assim, elas brigam agora e de repente esquecem e perdoam uns aos outros e continuam brincando novamente. Mas todo mundo estava ouvindo-os e de repente meu irmão diz: "Você pensa que nós somos como vocês, que não pagam dívidas?". Isso porque a família do menino devia dinheiro ao meu pai e durante muito tempo eles não pagaram, e meu pai não queria cobrar o dinheiro de volta, para não estragar a amizade. Um dia meu pai estava falando sobre isso com minha mãe e meu irmãozinho estava debaixo da mesa, brincando com seu brinquedo, e ninguém imaginava que ele estava ouvindo, porque quando ele brincava com seu carrinho de brinquedo, ele costumava fazer um barulho simulando o barulho do carro, mas ao mesmo tempo ele estava ouvindo tudo o que estava acontecendo ao seu redor. É assim que somos programados. Quantas vezes você já viu briga de crianças se tornando problema de adultos porque um deles disse uma verdade sobre algo que não deveria ter dito? Sim, isso é programação. Depois, meus países tiveram que se desculpar, o vizinho prometeu que pagaria um dia, e como um dia não existe no calendário, tudo ficou resolvido.

Tive uma colega que não chegou a conhecer o pai, foi maltratada pelo padrasto e, depois de adulta, atraiu vários relacionamentos abusivos. Ela teve uma filha e percebeu que a filha, com apenas um ano, não se sentia segura com a figura masculina e não sorria para homens. Quando ela contou isso para mim, logo intendi que foi uma programação inconsciente, mas ela não fazia a mínima ideia do porquê a filha era assim. O sentimento que minha amiga tem pelos homens é devido ao histórico que ela teve com os homens, então ela passa essas informações inconscientemente para a filha. Pura programação inconsciente.

Outro bom exemplo de programação encontrei na África do Sul. Lá as pessoas gostavam de esportes de acordo com a cor da pele, na época, o futebol era para negros, rúgbi era para pessoas brancas e críquete era para indianos e mestiços[5], assim era também com os programas de TV, cada raça tinha um canal específico para assistir etc. Não se preocupe, mais tarde eu vou explicar como eu acabei na África do Sul

Quando criança eu costumava ouvir histórias de como os brancos maltratavam os africanos durante o tempo da escravidão, e tudo o que me contavam foi confirmado pelos filmes; eu nunca tive orientação sobre esses filmes e isso é um dos maiores problemas com histórias, quando contamos ou mostramos histórias como essas para crianças, precisamos ensinar algo positivo e não apenas contar a história e deixar a criança sem uma lição válida. Eu criei raiva e ódio e não conseguia entender por que tanta injustiça, geralmente eu questionava a Deus por que ele permitia que coisas como essas acontecessem.

Tínhamos muitos mitos sobre pessoas brancas, os quais criam crenças limitantes. Esses mitos só aumentavam meu medo, raiva e inveja em relação aos brancos, e o que eu ouvia sobre eles me fez pensar que a riqueza deles era a causa da nossa pobreza. Esse é um sentimento terrível para uma pessoa jovem e muitas crianças na África ainda pensam dessa maneira, mas eu descobri que não é apenas na África que existe esse tipo de limitação, acredito que é uma doença mental mundial. Quando alguém que vem de outro país é bem-sucedido, aqueles no país local acreditam que eles são pobres por causa dos estrangeiros ricos. Não havia pessoas brancas ao nosso redor, todos nós pobres, e eu costumava ver os brancos na cidade, eram muito poucos os que permaneceram no país após a independência, então não tivemos contato direto com eles, e aqueles que permaneceram no país eram pessoas muito boas e nunca ninguém os tocou.

Enquanto eu crescia, notei que existia uma enorme diferença social entre brancos e negros na época, e não podíamos dizer de onde vinha essa diferença, as vezes, entre um branco e um negro com a mesma profissão, existia uma grande diferencia social. Lembro-me de quando tinha oito anos, conversava com meus amigos sobre as diferenças sociais entre negros e brancos e um amigo disse que os brancos têm mais privilégios do que os negros, lembro-me de ter perguntado: "mas como eles podem ter mais privilégios do que nós se já somos independentes deles?". Sim, aos oito anos eu já sabia sobre independência. Um dos meus amigos, que era cerca de dois ou três anos mais velho do que nós e tínhamos muito

[5] Mestiço é a palavra usada na África para pessoas de raça mista.

respeito por ele, disse que os brancos têm uma vida melhor porque eles são deuses, nós duvidamos, e ele confirmou que seu pai disse isso. Depois disso, não podíamos mais discordar, porque era uma referência de uma pessoa adulta e todos nós concordamos com essa declaração. Além dos meus amigos, eu ouvi muitas vezes pessoas negras diferentes dizendo a mesma afirmação, e isso faz uma diferença ainda maior, porque quando você chama alguém de deus, você pega todo o seu poder dado por Deus e entrega para essa pessoa. Eu acabei apenas aceitando que éramos inferiores aos brancos e, para nós, a prova visual dessa inferioridade estava no poder de aquisição, os brancos tinham tudo e nós estávamos lutando para sobreviver, nenhum povo branco vivia em comunidades pobres, e se você questionar alguém por que não há pessoas brancas vivendo em comunidades pobres, a resposta é muito simples: porque os brancos não gostam de sofrer. Essa resposta também é muito errada, porque eu também não gosto de sofrer. Eu entendi que sofrimento é algo que você aceita, e ao longo da minha vida eu vi pessoas brancas mudando o curso das suas vidas quando se encontravam em situação desfavorável; eles se mudam para outro lugar ou mudam a situação, eles fazem tudo para mudar a situação, mas o que eu vi em nossa comunidade é que as pessoas obedecem ao sofrimento só por que são negras. Muitas vezes eu ouvi pessoas dizendo: "o que podemos fazer? Nós somos negros, nós nascemos para sofrer", e eu preciso ser honesto que, sendo negro, eu não nasci para sofrer, por isso tive a coragem de investigar o sofrimento negro até o fim. As pessoas brancas têm o desejo de ser feliz, isso é algo que não existe na minha cultura, e como resultado, sofremos muito, porque a felicidade é desconhecida para nós, felicidade significa apenas obedecer as tradições.

Os negros costumavam dizer que alguns padrões de vida você não pode obter, porque são apenas para os brancos, que é uma vida branca, mas nós não tínhamos nenhuma lei que proibisse obter as coisas que queremos. Na verdade, a lei estava na mente das pessoas, e isso é exatamente o que eu disse sobre a programação, eu vim de uma geração de pessoas que viveram antes da independência do país, e mesmo após a independência eles continuaram ensinando as crianças de acordo com o regime passado. Não atualizaram a mentalidade e esses ensinamentos vêm com experiências antigas que, supostamente, provam a impossibilidade de prosperidade para as pessoas negras, e essas experiências foram muitas

Um dia meu pai me contou sobre um garoto negro que estava namorando uma menina branca em seu tempo, e o pai dela, branco, descobriu, e o tratamento que o homem branco deu ao menino negro não foi nada agradável. Isso começou a inflamar uma raiva e ódio em mim em relação aos brancos, pois tudo que eu sabia era isto: que os brancos são gananciosos, não têm amor, e se eles têm interesse em você, pode fugir, porque eles querem tirar algo de você. Embora isso possa ter sido verdade, em relação ao que ocorreu no passado, as coisas mudaram, e ensinar isso às crianças é um tipo muito perigoso de proteção.

Outra ferramenta poderosa foi a TV e os filmes trazendo de volta as memórias da escravidão do passado. No meu coração, eu costumava pensar que essas diferenças raciais eram a pior coisa que Deus já criou, mas então lembrava-me de que eles eram os próprios deuses, então não havia o que pudéssemos fazer sobre isso. Eu também descobri que durante o período colonial foram usados padres para nos impedir de reivindicarmos os nossos direitos, coisas que a religião teve que pedir desculpas anos depois. Isso fez eu não acreditar em Deus, porque em minha mente eu pensava: "como posso adorar alguém que criou tais divisões? Ele deve ser branco". Porém, devo confessar, no fundo do meu coração eu tinha uma esperança de que havia alguém mais poderoso no universo em algum lugar. A confusão foi muito grande em minha mente, pois tentava entender a realidade. Nessa época, todos os países da África eram independentes, exceto a Namíbia, que estava sendo colonizada pela África do Sul, ainda no regime do *apartheid*[6], na época.

Lembro-me de quando eu estava na escola, com cerca de seis anos, da professora trazendo alguns papéis que tínhamos que assinar, ela explicou que tais assinaturas seriam enviadas para as Nações Unidas, solicitando a liberdade de Nelson Mandela, o líder dos negros na África do Sul. Também lembro de muitas das manifestações e marchas que tivemos que ir, a favor da libertação de Nelson Mandela. Da independência da Namíbia para a libertação total da África, foi algo que nós africanos fizemos juntos, sempre apoiando uns aos outros.

Anos depois estávamos debatendo sobre viagens turísticas ao redor do mundo na escola e o professor enfatizou que podíamos ir a qualquer lugar do mundo, mas simplesmente não poderíamos ir para a África do Sul, por causa do *apartheid*. Durante esse tempo, nosso passaporte costumava vir com um carimbo afirmando: "Válido para todos os países do mundo, exceto África do Sul". Isso foi devido ao regime do *apartheid*.

[6] *Apartheid* foi o nome dado à segregação racial na África do Sul.

Além do *apartheid*, a África do Sul estava apoiando os rebeldes na guerra angolana, o que tornou pior a relação entre os dois países. Essa aliança entre o governo do *apartheid* e os rebeldes de Angola quase me deixou louco, porque na minha mente eu não conseguia entender como o regime do *apartheid* podia apoiar um rebelde negro, mas esta é a chamada exceção às regras, quando há interesses envolvidos. Porém, para uma mente de criança isso é muito complicado de entender, porque as crianças querem ver as coisas perfeitas.

Para mim, na época, o único responsável pelas diferenças raciais era Deus, porque Deus era branco; muitas vezes eu rezava a Deus perguntando por que ele causou tal divisão, mas depois eu o amaldiçoava. Para piorar, o padre da igreja local, que eu frequentava, era branco, lembro-me do nome dele até hoje. Com toda essa confusão em minha mente, eu tinha que ir à igreja todos os domingos, contra a minha própria vontade; mamãe costumava dizer que tínhamos que ir à igreja para sermos boas pessoa, mas eu parei de ir quando tinha cerca de 14 anos. Hoje, quando olho para trás, eu digo: acreditar que os brancos eram deuses foi um dos meus piores atos de racismo, e continua a ser o pior ato de racismo em qualquer comunidade que assim acredita. É triste saber que se você for para a minha comunidade hoje e perguntar o que é uma pessoa racista, eles vão dizer-lhe que é uma pessoa branca que não gosta de pessoas negras. Para mim, essa definição já é racista, porque nela nós colocamos toda a responsabilidade nos brancos e nos isentamos do problema. Por acreditar que eles são deuses, não só fazemos o problema pior, mas nós nos humilhamos diante deles, pecando contra o Deus todo-poderoso, e isso multiplica o problema.

Quando fiz 18 anos, a guerra civil no país piorou, não tínhamos esperança para o futuro, eu vi todos os meus amigos se juntarem ao exército, isso era a única coisa a fazer. Lembro-me do Ministro da Defesa na época dizendo que quem não queria se juntar ao exército deveria voltar para o ventre de sua mãe, mas o que eu sabia na época é que os filhos dos poderosos não iam para a guerra, eles eram enviados para fora do país, para estudar, e para nós, os sem recursos, o serviço militar era obrigatório. Eu não conseguia entender tanta injustiça no mundo, e a parte mais triste é que as outras pessoas viam isso como normal, às vezes eu pensava que estava no planeta errado, às vezes eu procurava pessoas para compartilhar meus sentimentos, mas nunca encontrei mente compatível para isso. Eles olhavam para mim como se houvesse algo de errado comigo, só porque eu não intendia os motivos de tanta crueldade. Eu havia descoberto, ainda com 12 aninhos, que na guerra você não vai falar com o inimigo ou negociar com eles, você vai para matar o inimigo ou morrer por ele, então eu me fiz uma pergunta: quem é o inimigo? Eu sabia a resposta, o inimigo era meu irmão angolano, e eu sabia também que a guerra não era para mim, foi nesse período que eu ganhei o apelido de "o menino que prefere morrer". Ganhei esse apelido porque eu dizia que não iria para a guerra, e todo mundo dizia que era obrigatório, não tinha como se livrar disso. Um dia, quando eu descobri que estar no exército era para matar ou morrer, eu disse que se fosse ao exército, não mataria ninguém, então disseram que se você não matar o inimigo, você seria morto pelo inimigo, aí eu disse: "prefiro morrer do que matar". Foi aí que ganhei o apelido de "menino que prefere morrer".

Eu queria entender por que há tanta injustiça no mundo e não queria fazer parte dela, então decidi deixar o país, mas não sabia para onde ir, nem tinha dinheiro para isso. Sem saber os efeitos eu escrevi em um pedaço de papel: "Eu tenho que deixar Angola". Na época eu não sabia o poder da escrita, descobri mais tarde que quando você escreve os seus desejos no papel, Deus, ou o universo, dependendo da sua crença, cuida do seu desejo.

2.2 CULTURA DE INFERIORIDADE

No início da vida eu entendi que somos seres em evolução, e eu estava muito desconfortável de viver nos anos oitenta carregando culturas dos anos 1600, eu sabia que não era compatível, e esse sentimento me fez querer entender mais.

Além de acreditar que os brancos eram deuses, na minha cultura há muitos costumes que me fizeram crescer com complexo de inferioridade, eu cresci achando que era inferior a todos no mundo e esse sentimento começou em casa. Traumas da infância fizeram eu não conseguir parar de fazer xixi na cama até os 16 anos, e isso era um segredo que eu guardava a sete chaves, na minha mente esse foi o motivo pelo qual eu sempre fui chamado de burro em casa, e eu acreditava nisso. O segundo ponto é que eu cresci com um pai alcoólatra, sentia-me envergonhado na minha comunidade devida a essa situação e ao fato de que eu era espancado regularmente em casa. Eu costumava ser o último a falar entre meus amigos e especialmente quando algo engraçado acontecia entre nós, eu sempre era o último a rir, ou nem ria, com o medo de que a pessoa que estava sendo zombada soubesse dos meus segredos e os tornasse público, para se defender. Terceiro, eu acreditei que era o mais burro porque entendi, no início da vida, que tirar a vida de outras pessoas erra errado, por isso eu nunca queria estar voluntariamente envolvido com a morte de alguém, e isso me rendeu o apelido já mencionado. O quarto ponto que me fazia acreditar que era burro é que sempre gostei de ser feliz, só que o meu padrão de felicidade era diferente do padrão dos outros. Por exemplo, na minha cultura é aceitável o homem ter o número de mulheres que quiser, mas, na época, eu era o único no meu círculo de amigos que não apoiava essa prática. Um dia, em um debate entre amigos, disseram que a vantagem de ter várias mulheres é que se uma encher o saco, você vai na outra e fica lá bem tranquilo, só que eu já pensava diferente, com várias mulheres elas nunca seriam felizes, e o homem também, então seriam vários relacionamentos infelizes, já tendo apenas um relacionamento feliz, o homem e a família toda ficam felizes. Essa opinião foi baseada nos meus tios, que tinham muitas mulheres, mas eu não via a felicidade deles. Um dia todos meus amigos se juntaram contra mim, queriam que eu respondesse se eu preferia ter apenas um brinquedo a vários brinquedos, eu sabia o raciocínio deles, então eu respondi que preferia ter um brinquedo bom a vários brinquedos quebrados, aí a conversa acabou quando o mais velho do grupo disse que não adiantava tentar me convencer, porque eu era burro e não entenderia. Infelizmente eu acreditei que era burro e eu tinha as provas, eu pensava diferente de todos, para mim não era possível eu estar certo e os outros errados, às vezes esta era a pergunta que eu me fazia: "você acha que você sozinho é que está certo e os outros errados?". Porém, eu também não baixava o meu nível, preferindo morrer a matar, e querer ter apenas uma mulher, em uma cultura em que é liberado a quantidade desejada.

Quando eu ia jogar futebol com meus amigos, via alguns padrões que eu achava errado. Primeiro é que durante o jogo, se a bola tocasse na sua mão, você teria que mentir para levar vantagem e, às vezes, nessa mentira já dava briga. Já quando a bola batia na minha mão, a briga era com os membros do meu time, porque eu falava a verdade e eles não gostavam que eu falasse a verdade, tinha que mentir. O outro padrão que eu achava errado era brigar fisicamente após os jogos. Cada vez que terminava o jogo, ganhando ou perdendo, nós entrávamos em pancadaria, para mim isso era desnecessário, mas para meus amigos era parte da diversão, e eles costumavam dizer que eu era uma pessoa medrosa, mas na realidade não era medo, os meus amigos sabiam que eu era um dos mais fortes do grupo, apenas achava desnecessário apanhar ou bater nos outros para se divertir. Além disso, se eu chegasse com um arranhão em casa e minha família ficasse sabendo que briguei, eu apanharia novamente em casa, então, para mim, brigar não compensava, mas eu era o único com opinião diferente. Às vezes, quando meus amigos levavam a pior, a culpa caía em mim, eles diziam que apanharam porque eu não me envolvi.

A outra coisa que causava uma briga de quase morte era quando alguém xingava a mãe do outro, era uma briga encarada como sagrada. Já para mim, se alguém xingasse a minha mãe, significava que a pessoa era mal-educada e não merecia a minha amizade, porque eu não xingava a mãe de ninguém. Também não me lembro de ter baixado tanto a vibração a ponto de alguém xingar minha mãe, e isso me fez acreditar que algo estava errado comigo, porque o que os outros achavam prazeroso, para mim não era, "será que estou no planeta certo?", pensava eu.

Certa vez eu queria praticar esporte, mas na cidade tinha poucas opções, então fui a um clube de box que existia ao ar livre. Quando cheguei lá, era o seguinte: depois de se inscrever, eles colocavam dois em dois para começarem a luta e, geralmente, eram dois amigos que foram juntos, lá viravam oponentes e começavam a briga sem luvas. Eu vi amigos um socando na cara do outro sem luvas, e percebi que aquilo não era para mim. Imagina o meu amigo, com quem fui junto, e de repente tenho que socar o rosto dele com toda força, até sangrar, nesse momento vi que aquele esporte não era para mim, eu não estava preparado para ser socado e nem socar no rosto dos outros, e outra, chegando em casa com a cara cheia, como é que eu iria me explicar? Até hoje eu encaro o box como um esporte violento aquilo se tornou um trauma na minha mente, aquele foi um dos dias mais cruéis, porque zoaram comigo sem dó.

Lembro-me do primeiro dia em que fui para uma discoteca, como chamávamos na época. Eu tinha entre dezesseis a dezessete anos, e nessa época ainda era ilegal sair de noite para mim, eu saía escondido, a discoteca era a mais famosa da cidade, na época chamava-se porcelana, que é o nome de uma flor exótica da cidade. Enquanto nos divertíamos, rompeu-se uma briga entre dois grupos famosos da cidade, enquanto brigavam, eles quebravam garrafas para se atingirem. Fiquei assustado, mas o que mais me traumatizou foi a música não ter parado, nem as pessoas pararem de dançar, parecia uma cena de filme acontecendo logo no meu primeiro dia de noitada, e eu tinha traumas de briga, não suportava, pois era coisa que eu via todos os finais de semana em casa, então, saindo para me divertir, não esperava uma situação como aquela, mas para os outros era coisa normal, eu não me conformava, essa cena ficou tão marcada em mim que lembro cada detalhe daquela noite. Era uma noite de chuva, a primeira música que eu dancei foi a de Elton John intitulada "sacrifício". Dancei com uma menina do meu bairro que era muito bonita, lembro também da música que tocava quando rompeu a briga e lembro de cada jovem que lá estava envolvido, eram os mais famosos da cidade na época.

Quando me mudei para a capital, Luanda, descobri que eles chamam as pessoas que vieram da minha província de "pessoas do mato", ou seja, da roça, e isso apenas confirmou o meu complexo de inferioridade, escalando-o a nível nacional, mas não parou por aí, o meu complexo de inferioridade só escalava. Quando cheguei na África do Sul, descobri que eles também discriminam pessoas de outros países africanos, e por meio da mídia eu entendi que meu continente também é discriminado pelo resto do mundo. Tudo isso me fez acreditar que eu era a última pessoa no universo, e quando eu estava diante de uma pessoa branca, sem dúvida eu sabia que era inferior, e o sentimento de inferioridade é um dos motivo para o racismo, porque uma vez que você se sente inferior, você atrai pessoas que se sentem superiores, para provar ambos sentimento isso é uma lei do universo chamada lei da atração e ela está nem aí se você acredita ou não. Então, o sentimento de inferioridade e superioridade baseado na raça e a falta do amor são as raízes do racismo. Durante essa época, eu nunca imaginei que era racista, para mim, aqueles com os sentimentos de superioridade baseados na raça eram os únicos racistas. Esse período da minha vida foi o pior, porque eu atraí as piores pessoas, desde aqueles que me maltrataram até aqueles que me fizeram trabalhar de graça. Dou graças a Deus que eu nunca estive envolvido no crime, porque isso seria o meu passaporte para a morte, o crime é a coisa mais fácil para a morte de um negro que se sente inferior, há muitas pessoas lá fora prontas para tirar sua vida, e você acaba atraindo eles.

Contato visual – na minha cultura não podemos olhar nos olhos quando falamos com pessoas mais velhas, e em algumas outras culturas africanas, você precisa baixar a cabeça, o que é um sinal de respeito, do contrário você está sendo desrespeitoso. Como precisamos respeitar todos, nós aprendemos a não fazer contato visual, dessa forma, todo mundo se sente respeitado. Durante uma reunião com membros da família, se você é um jovem, não pode falar sem a permissão de uma pessoa mais velha, é muito comum as pessoas dizerem: "cala a boca, eu sou seu mais velho", então a idade é como se fosse uma patente do exército e toda humilhação que você passa pelos mais velhos, acaba descontando em quem é mais novo que você, e assim a gente carrega essa cultura de geração em geração. Quando uma pessoa mais velha o acusa de algo, na minha cultura, você não tem o direito de se defender, se você fizer isso, eles chamam de rebeldia. Essas pequenas coisas culturais, quando colocadas juntas, contribuíram muito no meu complexo de inferioridade, e para as mulheres é ainda pior.

Lembro-me, já adulto, de que quando conversava com alguém, parecia que eu estava procurando algo ao redor, para não olhar nos olhos da pessoa, eu lembro de um dia um homem branco falando para o outro que eu era muito esquisito, porque não olhava nos olhos e, segundo ele, pessoas assim são perigosas.

Amor – A palavra amor, que é a força mais poderosa do universo, é um tabu na minha cultura. Ela é usada apenas no campo romântico e ainda tem que ser em particular, nunca ouvi essas palavras da minha mãe ou do meu pai se dirigindo uns aos outros, nem aos filhos, e vamos lembrar que o amor é a maior força do universo, se você esconder essa verdade das pessoas, o que você pode esperar deles? Milhões de pessoas em todo o mundo morrem sem ouvir que são amadas.

As escrituras sagradas dizem que Deus é amor explicitamente e nos encoraja a amar uns aos outros, alguns justificam que a ação fala mais alto do que as palavras, mas quando você ensina as crianças, você precisa ser claro com palavras e ações, caso contrário, vai confundi-los. Eu me lembro de ter sido perguntado, pelo meu avô, se eu já havia tomado o café da manhã, minha resposta foi não, eu só havia comido arroz com carne, porque na minha mente naquela época, o café da manhã era café e pão, qualquer outra comida não seria café da manhã. Naquele dia nós iriamos viajar e eles decidiram ter algo mais forte no café da manhã[7], e isso é apenas um exemplo básico, então, quando escondemos a palavra amor e justificamos que as ações falam mais alto do que as palavras, estamos escondendo a palavra mais importante da vida para nossos filhos, estamos escondendo o próprio Deus para eles. Lembro-me que um dia

[7] Na minha cultura, o café da manhã é a refeição mais leve do dia.

um homem estava perguntando a um grupo de crianças, incluindo eu, se nós amávamos nossa mãe, eu fui a única criança que disse sim, todos os outros meninos disseram não, e eles começaram a fazer piada comigo, porque em sua mente o amor é uma coisa romântica, que existe apenas entre casais. Nessa vez, a pessoa adulta veio em minha defesa explicando que é bíblico amar todo mundo e mais tarde eu descobri que o problema não está apenas na minha cultura, em muitas outras culturas ao redor do mundo há o mesmo problema sério. Eu acho que as pessoas não querem ensinar amor porque o amor é uma ameaça para muitas culturas, se ensinarem amor, muitas pessoas vão se rebelar contra as tradições e culturas, porque o amor não tem limites, sem raça, sem países, sem passaporte, sem preconceito. Se todos começarem a se amar, isso se torna um problema no mundo, as guerras acabariam, as religiões chegariam ao fim, porque o amor é o próprio Deus, ensinando o amor real, está se ensinando Deus, então melhor esconder o amor (Deus) e ensinar coisas culturais, para que as fronteiras existentes possam ser levadas para as próximas gerações. É por isso que na minha comunidade não ensinamos "eu te amo" entre pais e filhos, ou irmãos e irmãs, precisamos escondê-lo, para que ainda possamos ensiná-los a odiar uns aos outros e a levar ódio para a próxima geração, que é como nós conseguimos manter guerras por um longo período de tempo e, infelizmente, algumas crianças herdam nada além de ódio de seus pais.

"Queridos pais, não passem o ódio que vocês têm para seus filhos, por favor, o ódio que vocês têm pelo seu irmão, pelo seu vizinho, o ódio que vocês têm por outros países, por pessoas de outras raças, não passe isso para seus filhos, porque eles merecem ser felizes, ensine-lhes amor e não ódio, diga-lhes que vocês o amam, vocês vão fazê-los felizes".

Na minha cultura nunca me perguntaram se eu estava feliz, o mínimo que me perguntaram é se eu gostei de certa coisa. A felicidade estava ligada a alianças com a cultura, então a felicidade é coletiva, e não individual, algo que foi decidido sobre qual é a cultura e tradições da família séculos atrás, e cada membro tem que obedecê-la. Às vezes, até mesmo questionar a cultura ou tradições é visto como rebeldia, pode trazer sérias consequências, e isso nos ensina a não fazer perguntas, e boas perguntas podem nos levar onde quisermos, e quando ensinamos as crianças a não fazerem perguntas, só porque não sabemos as respostas, na verdade começamos a matar o sonho dessa criança, porque aprendemos fazendo perguntas e a vida é uma experiência de aprendizado e muitos dos nossos filhos na África e ao redor do mundo têm muitas perguntas que morrem dentro deles, só porque aqueles que estão cuidando deles não sabem a resposta, e é claro que não somos obrigados a saber todas as respostas, mas talvez possamos aprender juntos com nossos jovens, só não matar a curiosidade deles.

Se você tentar fazer algo que está fora do escopo cultural, você se torna um inimigo, e isso eu descobri que não é apenas na minha cultura, o mundo inteiro é assim, mas em outras culturas é mais sutil, na África é muito explícito. Em alguns países, por exemplo, há a questão da circuncisão, que todo mundo deve aderir, se você se recusar, torna-se a vergonha da família. Outra questão familiar muito forte é o dote, que é algo que tem que ser feito, mas não tem nada a ver com o casal envolvido, eles precisam apenas obedecer as regras colocadas pela família. Por isso eu concluí que ninguém quer saber sobre sua felicidade pessoal, sua felicidade deve ser manter os rituais e tradições que existem há anos e ninguém pode tentar sequer pensar em quebrar essas regras, porque quebrando-as, a pessoa tem de lidar com os traumas emocional sérios, os quais ninguém está pronto para enfrentar. Um exemplo na minha família é uma tradição sobre nomes de primogênitos homens. Eu sou o primeiro filho dos meus país, então meu nome é exatamente o mesmo que o do meu avô, e o nome do meu pai é exatamente o mesmo que o do meu bisavô, e meu pai já disse qual seria o nome do meu filho, que tinha que ser exatamente como o nome dele. Um dia eu tive a coragem de perguntar ao meu pai o que aconteceria se eu desse um nome diferente ao meu filho, a pergunta era muito pesada para o meu pai suportar e ele não pôde responder a pergunta, ele se levantou e saiu da sala com aquela expressão facial de derrota, a pergunta só confirmou ao meu pai que eu não ia seguir essa tradição, para ele não foi uma surpresa, porque devido à maneira como eu costumava questionar as coisas, ele já sabia que eu quebraria muitas regras.

Outra coisa é o nome das pessoas, não podemos chamar pessoas que são mais velhas do que nós pelo nome delas, há um título específico que precisamos colocar antes do nome da pessoa, só depois, então, podemos chamar o nome, e pessoas mais velhas, que não conhecemos o nome, apenas chamamos de tio e tia, para evitar qualquer constrangimento. A partir dessa cultura, aprendemos que devemos estar sempre abaixo das pessoas que são mais velhas do que nós, e leva tempo para se libertar desses padrões, para quem consegue se libertar. Lembro-me de uma vez em que um senhor chamou o meu pai de nené, eu já tinha mais de 30 anos, pois o meu pai ainda era uma criança perante o senhor, porque ele era mais velho. Isso se torna um complexo de inferioridade e superioridade baseado na idade.

Agora, se você juntar o complexo de inferioridade e a falta de amor, a pessoa será nada, e esse foi o maior problema que eu tive que enfrentar quando mudei de país, tive que desaprender todas essas coisas, primeiro, a fim de aprender a atitude adequada para se tornar um homem com confiança, e antes de desaprender eu me sentia inferior a pessoas brancas e inferior a todos no mundo, e descobri o motivo pelo qual os jovens na minha comunidade dificilmente têm sucesso. Na minha comunidade conheci crianças com futebol no padrão de Ronaldinho Gaúcho, mas conforme iam crescendo, os sentimentos de inferioridade e incapacidade se tornavam maior que o talento, e acabam misturando concreto na construção civil. No basquete, por exemplo, somos os melhores na África, mas se você for nos grandes clubes no mundo, dificilmente vai encontrar alguém da minha tribo.

Agora, quando eu levo em consideração as coisas materiais, sob nenhuma circunstância eu me compararia a uma pessoa branca, eu realmente me sentia inferior e acreditava que Deus estava apenas apoiando pessoas brancas, então, quando as pessoas costumavam dizer que Deus é um pai, eu não conseguia encarar Deus assim, porque quando você vê que a vida é fácil para algumas pessoas e difícil para outras, você vai acreditar e aceitar que a vida é injusta e que Deus é injusto, porque ele ajuda algumas pessoas, mas não todas. Foi aí que comecei a me vitimizar e colocar a culpa em Deus, mas quando entendi a realidade, tudo se encaixou no lugar certo, e algumas pessoas hoje me veem como tendo mais privilégios do que outras, ou tendo sorte, mas na realidade é que criamos nossa própria sorte e oportunidades em nossas vidas e que a vida apenas é, o difícil ou fácil, depende da programação que recebemos. Achamos a vida difícil porque fomos criados por pessoas que achavam a vida difícil, tudo o que faziam era nos ensinar todas as dificuldades, por isso acabamos nos tornando cópias delas, programa instalado com sucesso.

Pense na vida como um jogo, então não espere que seja fácil, você precisa adquirir algumas habilidades para driblar seus adversários. Imagine um jogo de futebol, um atacante reclamando que não consegue fazer um gol porque o zagueiro do outro lado não está permitindo, é trabalho do zagueiro dificultar o atacante, então ele precisa saber disso e é o trabalho dele dominar o zagueiro e fazer o gol. Imagine o goleiro avisando o time adversário: "olha, ninguém chuta bola do lado direito, só do esquerdo, porque eu sou canhoto, não consigo pegar a bola do lado direito", o adversário vai chutar só do lado direito, quando você entender isso, você intendeu o jogo, quando você recebe um não na vida, saiba que não é o fim do mundo, é um teste, você precisa fazer algo novo e voltar novamente e mais forte do que antes, e se a resposta for não, volta novamente, mas da próxima vez, talvez você vem em tempo diferente para bater a outra porta, e em vez de bater a mesma porta, tenta uma porta nova. Nunca segurar um "não" se você está procurando um "sim".

Se você não entendeu o exemplo do atacante, tenho agora o exemplo de um soldado, e esse é um bom exemplo, porque o racismo é como se fosse uma guerra de raças. Eu vejo países proibindo certas expressões porque elas têm conotação racista, então eles incentivam as pessoas a não usarem essas palavras, para não machucar a comunidade negra. Isso é elogiável, mas, por outro lado, a comunidade negra deve procurar se defender e não depender que o inimigo não ataque, ou ensinar como o inimigo deve atirar. Imagine um comandante do exército mandando uma carta para o comandante inimigo, dizendo para que, quando a tropa inimiga estiver atirando, atirar só do lado direito, porque toda a sua tropa é destra e não consegue se defender do lado esquerdo, o que é que você acha que o comandante inimigo vai fazer? Ele vai pedir à sua tropa para fazer o oposto do que foi pedido e aniquilar o inimigo rapidamente. Então, para se defender de certas expressões, o ideal é procurar desativar o gatilho daquelas expressões, elevar o amor e acreditar num criador. Ler qualquer livro sagrado eleva o seu amor, e o amor desativa vários gatilhos. Aqueles que usam expressões que te machucam o fazem por falta de amor, então o seu amor vai neutralizar o ódio dele.

Agora precisamos ensinar aos nossos filhos uma cultura certa, uma cultura compatível com o mercado, caso contrário, sempre nos sentiremos inferiores aos brancos, e não podemos esperar que os brancos baixem seus padrões para se igualarem com os nossos, somos nós quem temos que subir nossos padrões, devemos entender que se os negros e a África não elevarem esses padrões, sempre nos sentiremos inferiores e culparemos os brancos. Precisamos aceitar que somos a imagem e semelhança de Deus, assim como os brancos, e que somos todos irmãos, viemos da mesma fonte, vamos amar a diversidade e não há nada de errado conosco, ensinar aos seus filhos uma cultura que é compatível com o mercado para fazê-lo ficar diante de qualquer um. Se ensinarmos nossos filhos a odiar aqueles que odiamos, eles nunca serão nada, porque o ódio é um sentimento e energia negativa, e nós vibramos isso. Uma pessoa nunca vai progredir de uma maneira positiva odiando outras pessoas, sendo assim, o único progresso que você terá é negativo, o que significa que você se tornará pior com o tempo.

Tive o privilégio de conhecer a cultura de outros povos africanos e, em algumas tradições, aqueles que têm a prática de circuncisão, por exemplo. Os meninos crescem sabendo que se não forem submetidos à cerimônia de circuncisão, eles continuarão sendo meninos para o resto de suas vidas. Tais ensinamentos são tão fortes que todo mundo acaba acreditando. Agora, imagine ser um menino para o resto de sua vida, como você enfrenta o mundo sabendo que você tem que ser um menino para o resto de sua vida? É por isso que eles decidem ir ao ritual, no qual são humilhados pelas pessoas mais velhas em nome da cultura, enquanto outras culturas ensinam aos jovens que ninguém pode fazer você se sentir inferior sem a sua permissão, que é a verdade, aqui está uma tradição que faz com que as crianças se sintam inferiores com a permissão dos pais, apenas para atender a um requisito cultural. Na minha cultura a circuncisão também é obrigatória, mas felizmente não temos mais ritual, fazemos isso no hospital, com dignidade, já outras culturas, embora tenham hospitais bem estruturados, preferem fazê-lo no mato, exatamente como era feito há mais de 500 anos atrás. Quando uma criança pensa diferente, ela sofre tremendamente, porque imagine uma criança perguntando ao pai por que não pode ser feito em hospitais, o pai não vai saber a resposta, porque ele nunca se perguntou ou ele pode dar a resposta genérica, que aqueles que fazem isso nos hospitais não são homens de verdade, e uma criança que faz tal pergunta já tem alguma percepção. Ela poderia dizer: mas meu amigo, que é de outro lugar, me disse que eles fazem isso em hospitais e seu irmão já é casado e tem um filho, ele não é um homem de verdade? Esse é o ponto em que os pais perderiam o controle, porque não são capazes de responder, e é aqui onde eles abusam do poder de ser pai, e isso se torna um trauma para a criança, e a parte triste é fazer isso com nossos filhos, o que foi feito exatamente conosco, quando sabemos o quão doloroso foi. Isso é exatamente o que ainda acontece com meninas em muitas partes do mundo, quando se trata de casamento infantil e mutilação genital, essas práticas são patrocinadas por membros da família em nome da tradição.

Algumas pessoas comparam a circuncisão cerimonial com o tratamento cruel dado no exército e dizem que ajuda um homem a ser mais forte, infelizmente eles não entendem por que o exército costumava dar um tratamento cruel a novos soldados, deixe-me explicar-lhes que o tratamento cruel no exército tem um objetivo, e esse objetivo é drenar todo o amor dos novos soldados, todo o bem que eles têm precisa sair, para que depois estejam preparados. Lembre-se de que soldados são treinados para matar, nenhum soldado é treinado para amar, é assim que você quer que seu filho seja? Eu cresci em um país em guerra e quando um bom soldado retorna da guerra, ele se sente inútil, porque ele não pode aplicar o que ele aprendeu na sociedade, se ele aplica apenas um pouco do que ele aprendeu no exército, é chamado de criminoso, e a maioria entra em depressão, então, sem entender o significado do amor, as guerras sempre vão continuar e as pessoas continuarão acreditando que ensinar ódio é melhor do que ensinar amor, porque com ódio você vai proteger o seu filho, que é o tipo negativo de raciocínio.

Conheci muitas crianças que viviam traumatizadas por causa do medo da circuncisão, e outras que morriam por medo do desprezo familiar.

Meu amigo era casado com uma mulher na África do Sul, e como ela tinha uma filha de um relacionamento anterior, ela não achou necessário o pagamento do dote, e era justo o raciocínio dela, mas a resposta da família dela foi ruim, desprezo total. Ela não pôde suportar isso, e a única certeza que ela tinha é de que ela morreria e, realmente ela veio a falecer conforme pensava, por quê? Porque o que acreditamos é a verdade, nossos pensamentos criam nossos sentimentos e vibramos nossos sentimentos, o que sentimos determina nosso futuro, e em uma cultura como essa, uma pessoa nunca poderá expandir a sua consciência, porque a expansão da consciência é individual, não como um grupo ou coletivamente. Para uma pessoa ser espiritualmente pura, além da necessidade de absorver muito conhecimento, precisa derrubar crenças antigas, e isso também se aplica ao racismo, tudo o que acreditamos sobre o racismo se torna nossa verdade, e ela vai se manifestar para provar a si mesma, então não ensine seu filho a ser um rei na aldeia, porque ele pode sair da aldeia e se sentir perdido no mundo, ensine seu filho a conquistar o mundo e ele poderá ser um rei em qualquer lugar. Estamos vivendo em um período chamado globalização, nossa nacionalidade não define onde vamos viver, então precisamos aprender e ensinar algo aos nossos filhos, algo globalmente aceitável, porque para desaprender algo, às vezes, leva mais tempo do que foi necessário para aprender, é por isso que muitas pessoas morrem sem poder mudar os ensinamentos errados que aprenderam na infância, porque esses ensinamentos são muito profundos, por isso existem pessoas que dizem "já sou assim e não vou mudar". Para ter uma ideia, levei quase 30 anos para entender a realidade, e essas mudanças tinham que ser feitas longe da minha tribo, porque você não pode se curar no mesmo lugar onde você adoeceu, como disse Einstein. Então eu tive que viver em mais de 20 cidades, em três países diferentes, e dois continentes, para ser capaz de arrancar tudo para substituir por novas informações e, adivinha, hoje eu posso ir para a minha cidade sem ser desrespeitoso. Agora, diga-me qual é o segredo? O segredo é o amor, com ele você nunca erra.

Em alguns países existe uma lei que você aprende na autoescola: que você não pode ultrapassar uma van policial quando a sirene está ligada, em vez disso, você precisa dar prioridade e deixá-la ir. Inconscientemente temos leis como essa em nossas mentes, vemos nossos professores, líderes familiares, pastores e líderes comunitários como uma van policial com a sirene ligada. Eu não posso fazer isso porque ninguém nunca fez isso, por que você não pode ser o primeiro a fazê-lo? Por outro lado, quando um membro da família está fazendo algo nunca feito, nós criticamos, nós pensamos que ele está ultrapassando a van da polícia, e é assim que ficamos estagnados na igreja, porque você não pode ultrapassar o pastor, ficamos estagnados no trabalho, porque não podemos ultrapassar o chefe, ficamos estagnados na família, porque ninguém nunca fez isso. Você pode ultrapassar até mesmo o seu treinador, não permita que as limitações deles se tornem suas limitações, sempre que alguém dizer que nunca fizemos isso, entenda que é uma luz verde para você começar a fazer.

Não foi fácil resgatar minha vida de volta e entender quem eu sou de verdade, levou muitos anos e muitas palestras sobre emoções, que eu tive de assistir, e terapias nas quais eu tive que voltar na minha infância. Eu entendi que eu fui criado em um lar conturbado, em um país com guerra, em um continente discriminado, e foi isso que me fez quem eu era, e entender o passado me ajudou a consertar o presente, para ter um futuro brilhante. Isso também é algo que eu faço no trabalho, eu trabalho com contabilidade e temos uma rotina chamada conciliação de contas. Às vezes, para você conciliar as contas do ano, você precisa entender o que aconteceu no ano passado, senão a conta não fecha. A vida é assim também, se sua vida é uma bagunça hoje, talvez você precisa voltar nos seus primeiros anos e descobrir o que aconteceu lá atrás que está causando esses problemas hoje, e uma vez que você entende, aí você é capaz de ressignificar e ser capaz de continuar com sua vida livremente. Para ilustrar esse pensamento, pense em uma parede, se você ver uma parede torta, você pode realmente ver onde começou a dar errado e corrigi-la, você tem que remover todos os blocos até o ponto onde a parede começou indo torta e, em seguida, começar tudo de novo. É assim que nós também podemos corrigir as coisas em nossas vidas, incluindo traumas, fobias, depressão, até mesmo doenças etc., a raiz do problema é muito importante para corrigir o problema.

2.3 CRENÇAS LIMITANTES

Crenças limitantes é tudo aquilo que a gente acredita ser verdadeiro, mas não é, então essa crença chega a sabotar a verdade. Por exemplo: vida de branco, essa é uma expressão muito usada na minha comunidade, a vida de branco é na verdade a vida de rico, assim, as crianças já crescem acreditando que nunca podem ter uma vida próspera por serem negros. Foi essa crença que me levou a querer ser branco quando crescesse, e quando você atinge os dezoito anos, por exemplo, essa crença é tão forte em você o suficiente para você programar o seu irmãozinho mais novo.

Nunca nenhum negro fez tal coisa, nós gostamos de referências e sentimos intimidados em fazer algo que jamais havia sido feito por negros, descobri que essa é uma crença limitante mundial. Quando alguém diz que quer fazer tal coisa nunca feita por ninguém, a gente entende como loucura, e é assim que muitos vão reagir ao ver o tema deste livro, mas, na verdade, tudo é feito pela primeira vez por alguém. Agora, por que quando queremos ser o primeiro a sociedade acha que é loucura? E isso não é apenas na África, isso é global.

"Somos pobres, mas somos felizes", essa é a expressão que mais aumenta a pobreza na África. As pessoas não sabem o que é ser feliz, porque a mesma pessoa que diz que é pobre e feliz, quando fica doente, vai ao posto de saúde e é mal atendido, sai de lá resmungando, aí a mesma pessoa diz que a vida de pobre é triste. Eu era criança e percebia todas essas contradições, e o duro é que a pessoa diz que a vida de pobre é triste e dura, mas não sabe qual é a melhor vida, ela não tem outra alternativa, porque na mente dela o rico é ganancioso, ladrão e não entra no reino de Deus. Então, é uma contradição na cabeça que só funciona porque é Deus quem criou, se fosse algo feito pelo homem, travaria na hora, de tanta contradição.

O vocabulário na minha tribo foi totalmente alterando e criaram-se muitas crenças limitantes impossíveis de serem vencidas: rico foi convertido para branco; riqueza foi convertido para ganância; dinheiro para a raiz de todo mal, por causa de uma má interpretação feita da bíblia. O que mais se ouvia é: eu sou pobre, mas sou feliz, eu sou pobre, mas sou honesto, eu sou pobre, mas sou limpinho, dinheiro não traz felicidade etc. Enquanto estava na minha comunidade, eu pensava que tudo isso existe apenas na minha comunidade, mas enquanto fui viajando pelo mundo, percebi o mesmo padrão em outros lugares.

Existem muitas crenças limitantes, as quais vamos esclarecer no capítulo "Vocabulário e o fim do racismo", porque o que a gente fala e acredita é o que se torna uma crença.

3.

NAMIBIA

O que me motivou a deixar o país foi a guerra, eu me lembro que estava tentando sair do país quando eu tinha apenas oito anos, mas não tive sucesso, porque aos oito anos você ainda precisa da permissão dos pais. Eu queria ir estudar em Cuba, muitos jovens iam para lá, era a única maneira de os pobres se livrarem da guerra e poderem estudar. Meus país não permitiram, lembro de quando eu disse às pessoas que eu não iria lutar na guerra e elas me perguntaram como eu escaparia, porque o serviço militar era obrigatório. Eu disse que não sabia. Eu sabia que não ia fazer parte da injustiça e ódio, e isso provou mais uma vez para mim que uma vez que temos o desejo em nosso coração, vamos atrair os recursos. Quando meu tempo chegou para servir o exército, deixei o país exatamente como eu havia escrito no pedaço de papel. Como não tinha ninguém no meu círculo de amigos que compactuava com os meus pensamentos, deixei o país sozinho rumo ao desconhecido, e quando cheguei na Namíbia, no país vizinho, eu não sabia falar uma palavra em inglês, meu desejo era estudar, mas eu não tinha nenhum recurso para me sustentar.

Na Namíbia, o que me chamou a atenção foi a diferença social entre brancos e negros, a comunidade branca era toda melhor do que a comunidade negra. Na minha raiva havia também ciúmes, porque eu queria uma vida igual à dos brancos, eu queria ser como eles, poder ter o que se deseja, mas todos ao meu redor costumavam dizer que era impossível, porque eu era negro, "nós nascemos para sofrer", como alguns diziam.

Sem recursos nenhum no país estrangeiro era impossível se manter. A Namíbia é um país pequeno, com poucas oportunidades para estrangeiros, a única opção que eu tive era pedir asilo, para minha surpresa, os asilados na Namíbia não vivem na cidade, existe um campo de refugiados chamado Osire Camp a cerca de 250 quilômetros da capital Windhoek, no meio do deserto, perto de nada, é onde fui parar. No mesmo dia em que cheguei no Campo eu tinha uma certeza de que não iria ficar sentado naquele lugar esperando a guerra acabar em Angola, a guerra prometia que ainda havia muito para ser guerreado, então falei para as autoridade do Osire Camp que eu não queria ficar naquele lugar, eles disseram que existia duas opções: a primeira era de ser repatriado para Angola e a segunda era permanecer no Camp. Escolhi a segunda opção, eu vi pessoas que escolheram a primeira opção e regressaram no mesmo dia para Angola, era traumatizante ver as pessoas desnutridas e sem brilho.

Depois de dois meses no Camp, eu sumi e ninguém sabia onde eu estava, e as pessoas que ficaram pensaram que eu havia sido morto pelos vizinhos fazendeiros, que eram todos descendentes Sul Africanos - lembrando que a Namíbia foi colonizada pelos Sul africanos -. Outros pensaram que eu havia sido deportado clandestinamente e depois de um mês eles receberam uma carta minha informando que eu estava na África do sul, logicamente, era impossível, porque eu não tinha documentos e nem dinheiro, como fui parar na África do Sul? Mas a carta tinha o selo de lá e uma foto minha com um sorriso mostrando o *table mountain* atrás de mim.

Com isso, eu aprendi que nossos sonhos e desejos não precisam obedecer às leis físicas e restrições, devemos sonhar sem limites, e uma vez que o sonho está pronto, os recursos apenas se tornam disponíveis. Isso é exatamente o que aconteceu comigo, os detalhes de como cheguei na África do Sul sem dinheiro e documentos é detalhado em meu outro livro.

4.

ÁFRICA DO SUL

Na África do Sul as diferenças entre as raças eram piores do que qualquer coisa que eu já havia visto, você tinha que aprender a lidar com cada grupo racial individualmente, e algo que eu não conseguia separar era raça e cultura, se um homem negro fizesse algo negativo para min, eu diria que a cultura dele é diferente da minha, mas se um homem branco fizesse algo diferente negativo, eu dizia que era racismo. Mais tarde eu descobri que não era apenas eu que tinha esse problema, outras pessoas que vinham de outros países africanos tinham exatamente o mesmo problema, por exemplo, um dia fui a um evento, isso foi depois de algum tempo na Cidade do Cabo, o evento foi no Goodhope Center, que é um centro de eventos, o evento era noturno e fui de trem, mas eu sabia que depois eu teria de voltar de carona com alguém, o que aconteceu é que antes do fim do evento eu encontrei um amigo de Angola, que havia ido ao evento com um colega de trabalho branco, morávamos na mesma rua e eu disse a ele que eu ainda estava procurando uma carona para voltar para casa, ele me disse que havia espaço no carro do colega com quem ele foi, então disse a ele para pedir ao colega se poderia dar carona para mim, o meu amigo respondeu: "fica tranquilo, onde come um come dois". Essa expressão usamos em nossa tribo como incentivo para ter muitos filhos, eu sabia que naquele dia algo daria errado. No fim do evento eu pensei que estava tudo certo, meu amigo disse "podemos ir", quando cheguei no carro, o homem foi surpreendido com a minha presença, entrando no carro ele perguntou: "quem é esse?". Meu amigo respondeu: "é meu amigo, está indo com a gente", o dono do carro então disse: "mas ele não me pediu", meu amigo respondeu: "mas ele também está indo para o mesmo lugar que eu", o dono do carro, um rapaz branco, recusou-se a dar a carona, e eu encontrei outros meios para ir para casa. No dia seguinte, quando eu encontrei o meu amigo, ele se desculpou e disse que seu colega ainda era um pouco racista, eu disse para ele que aquilo não era racismo, ele disse que era racismo sim, "custava levar mais uma pessoa? Éramos só dois no carro". Perguntei se o colega dele era casado e ele disse que sim, perguntei se tinha filhos e ele disse que não, aí perguntei se ele sabia se a mulher do colega tinha carro, ele disse que sim. Nesse momento eu entendi que tudo aquilo era diferença cultural, o meu amigo era da minha tribo lá em Angola e de uma família pobre também, e lá a gente veio de uma cidade muito pequena, em que é comum as pessoas levarem mais pessoas do que a capacidade do carro, porque, geralmente, não tem fiscalização, e era com essa mentalidade que ele estava. Já o colega dele tinha dois carros em sua casa, para duas pessoas, o que significa que o máximo de pessoas que ele carrega no carro é uma pessoa, ele e a esposa, quando precisam ir para o mesmo lugar, e de reprende, ter que carregar três pessoas sem aviso prévio assustou ele, por isso acabou negando. Talvez ele nem sabe que o carro dele pode carregar três pessoas, para ele é algo fora do comum, que precisava de um aviso prévio, e também foi desrespeitoso da nossa parte levar alguém para o carro de uma pessoa sem o seu consentimento. Na nossa cultura, nós dizemos: "onde come uma pessoa dá para comer duas", e esse é o nosso incentivo para ter quantos filhos quisermos; já na cultura dos brancos sul-africanos, tudo precisa de um planejamento, aí é que está a diferença. Essas são as diferenças culturais que não sabíamos gerenciar e nós jogávamos o problema no racismo. Na minha cultura, quando você quer visitar alguém, você apenas vai, já na cultura dos brancos é diferente, existe um protocolo a ser seguido, caso contrário, você não será recebido. O nosso erro é culparmos a raça e não a cultura, e esse é um erro que o mundo inteiro comete, confundindo cultura com raça, e eu sei disso porque tínhamos diferenças com os negros sul-africanos, e sabíamos que era devido à cultura e não à raça.

Deixe-me dar um exemplo mais específico. Na minha cultura, na cidade em que eu nasci, quando você vai para igreja, você encontra cinco carros no estacionamento e chegando dentro já não há lugar para se sentar, já na comunidade branca, na Cidade do Cabo, quando você vai a uma igreja, encontra 15 carros no estacionamento e dentro você encontra 20 pessoas, são diferenças culturais grandes, que sem uma atualização mental criam muita confusão, para conciliar as diferenças.

Na Cidade do Cabo, onde eu estava, era predominantemente habitado por brancos, e as diferenças sociais entre brancos e negros eram piores do que em Joanesburgo. Começar a vida do zero na Cidade do Cabo me ajudou a entender os danos que o antigo sistema causou aos negros. Tive o privilégio de viver nas três comunidades, na comunidade negra, na comunidade de mestiços[8] e nas comunidades brancas, e cada comunidade ainda estava carregando a versão antiga da África do Sul. Embora eles estivessem chamando de nova África do Sul, porque uma lei escrita depois de algum tempo se torna uma lei mental, e quando é revogada as pessoas ainda vão obedecê-la, leva tempo para as pessoas eliminarem de suas mentes, e isso é exatamente o que aconteceu na África do Sul, as pessoas tinham resistência à mudança e o tratamento que você recebe em cada comunidade faz você entender melhor as experiência passadas e nós estrangeiros ajudamos muito na reconciliação do país, porque não tínhamos os limites que eles tinham nós íamos a lugares em que os negros nativos não iriam, devido à história passada. Eu lembro de ser questionado por que eu estava vivendo em um determinado bairro se eu era negro, mas isso ajudou eles a verem que as coisas já eram diferentes. Muitas vezes eu encontrei brancos europeus em Khayelitsha, que é uma das maiores comunidades negras na Cidade do Cabo, que os brancos locais considerariam extremamente perigoso, pessoas estrangeiras de ambas as raças, brancas e negras, ajudaram muito na reconciliação dos sul-africanos. Por causa de nossa neutralidade, nossa principal ameaça eram nossos irmãos negros, e em muitas ocasiões tivemos que enfrentar ataques de pessoas negras a outros negros, de outros países. Ficou controverso, porque antes não podíamos ir para a África do Sul por causa dos brancos, do regime do *apartheid* e, depois, estávamos fugindo da África do Sul por causa dos negros atacando negros, que foram chamados de ataques xenofóbicos.

Na África do Sul eles sabem quem é negro, quem é mestiço e quem é branco pelo telefone, e quando eu digo isso, pessoas de outros países pensam que estou exagerando, mas não para os sul-africanos que têm experiência com a segregação racial. Deixe-me explicar-lhe como identificar: é muito simples, porque cada comunidade de raça tem sua própria língua, língua original ou língua materna, se você preferir, então, quando eles estão falando em inglês pelo telefone, identificam o sotaque, porque o sotaque sempre vai carregar a primeira língua da pessoa no fundo, e é assim que se pode identificar a cor da pessoa com quem se está conversando. Com essa experiência eu também aprendi a identificar pessoas do Brasil, França, Alemanha, Portugal, Nigéria etc. falando em inglês com pessoas dessas nacionalidades eu consigo identificar o sotaque, a menos

[8] A palavra mestiço na África significa pessoa de raça mista

que estejam longe do país de nascimento por muito tempo, porque as pessoas que estão longe do país de nascimento há muito tempo tendem a perder o sotaque original e ganhar o sotaque do país anfitrião, e o mesmo acontece comigo no Brasil. Algumas pessoas que converso pela primeira vez me perguntam se eu sou angolano, e quando eu pergunto "Como você sabe?", eles dizem que é por causa do sotaque, alguns até dizem: "Eu tenho um amigo de Angola que fala exatamente como você". Agora você entendeu que não é difícil, né?! A diferença é apenas que os sul-africanos decidiram usar isso para identificar raça pelo telefone, mas a técnica é usada até no Brasil, tem gente no Brasil que sabe quando está falando com um gaúcho, carioca ou com um nordestino, e ele percebe apenas pelo sotaque.

Eu lembro de uma vez em que eu corrigi uma menina na África do Sul com uma palavra africâner, ela imediatamente me disse: "Eu acho que você está andando muito com pessoas brancas", porque a expressão que ela usou era uma expressão africâner mestiço e a minha correção foi com africâner branco, e é assim que eu fiquei surpreso como eles sabem até com qual raça você aprendeu a língua.

Fomos a algumas boates na Cidade do Cabo e nos disseram que éramos os primeiros negros a frequentá-las. Na época ainda vivíamos na rua, tínhamos nossas roupas de final de semana, por isso ninguém diria que morávamos na rua, pois estávamos bem arrumados nos fins de semana. Fomos proibidos de frequentar alguns lugares também, porque nunca tínhamos dinheiro para consumo, íamos apenas dançar, e esses lugares costumavam ser para classes mais altas, então nos proibiam e nós simplesmente dizíamos que era por causa do racismo, e este era o motivo genérico que eu colocava a quaisquer diferenças envolvendo diferentes raças, eu não entendia muito sobre emoções na época, então o racismo era a minha melhor solução para a maioria dos problemas, e quando você faz isso, é incrível como o universo responde para provar seus pensamentos com mais racismo, porque o que você acredita é a sua verdade.

Um dia fui ao posto médico de Woodstock e, enquanto esperava atendimento na sala de espera, uma médica veio perguntar se tinha alguém que falava português, ela queria alguém para traduzir a consulta para um paciente e eu me ofereci para ajudar. Quando cheguei na sala de consulta, era um jovem angolano que precisava de tradução, eu disse à médica que éramos do mesmo país e ela estava feliz que eu seria capaz de traduzir. Primeiro ela queria saber quantos anos ele tinha, e eu traduzi, ele tinha dezoito anos, em seguida ela perguntou então quantos anos ele tinha quando saiu de Angola, eu traduzi que ele tinha dezesseis anos quando saiu de lá, "Ele fala com a família com frequência?", ela perguntou, e a resposta foi "não". Naquela época era muito caro fazer uma chamada internacional e os celulares estavam disponíveis apenas nos filmes. Então ela me pediu para dizer a ele que ele não estava doente, só sentia falta da família, era saudade, era o que estava fazendo ele sentir o que estava sentindo, todos os exames mostravam que ele estava bem. Foi a minha primeira vez que ouvi algo assim, eu traduzi para o rapaz, mas eu não estava convencido, e quando ele saiu da sala, nós dois chegamos à conclusão de que a médica não queriam dar-lhe medicação porque ele era negro. Levou muitos anos para eu entender que nossas emoções contribuem muito para o nosso bem-estar.

Quando eu entrava em uma loja e os seguranças ou vendedores começavam a me seguir onde quer que eu fosse, eu costumava dizer que era racismo, e eu saía da loja e invocava o mal para a loja; quando eu ia a uma loja e ninguém vinha me perguntar se eu precisava de ajuda, eu também ia embora e dizia que eles eram tão racistas que não sabiam nem atender o cliente e, novamente, eu invocava o mal sobre a loja. Eu nem sabia que o mal que eu estava invocando naqueles lugares estava voltando tudo para mim, porque é assim que o universo funciona, e era esse padrão de pensamentos que eu tive que buscar no meu inconsciente, para poder identificar as raízes dos meus problemas e poder curá-los, porque alguém que age assim, é impossível ter bons resultados na vida.

Havia um nome em africâner usado para rebaixar os negros, e as pessoas de frequência baixa eram as que usavam com mais frequência. Os brancos pararam de usá-lo porque era uma expressão usada no *apartheid*, mas aqueles considerados mestiços usavam contra os negros, e nós, negros na frequência baixa, sentíamos a dor. Não importa quem chamava, aqueles que invocavam a palavra acreditavam no que estavam chamando e aqueles que são chamados também acreditam na palavra e sentem a dor bem no coração. Anos depois eu aprendi que ninguém pode fazer você se sentir inferior sem a sua permissão, o que é verdade; hoje eu penso em pessoas que me chamaram daqueles nomes, a maioria delas eram moradores de rua, aqueles que viveram conosco na rua. Eu percebi que era apenas a maneira deles de se sentir um pouco melhor, porque eles não eram brancos, mas pelo fato de terem uma pele mais clara, eles realmente se sentiam superiores a nós, e como eu me sentia inferior, sentimento que eu trouxe de infância, sentia a dor, e quando uma pessoa tem que reduzir um companheiro para se sentir maior ou melhor isso diz muito sobre ele.

Lembro-me de um dia em que fomos tomar uma sopa bem em frente à prefeitura da Cidade do Cabo, há um estacionamento enorme e uma organização de caridade costumava dar comida para as pessoas de rua e nós também costumávamos ir comer lá. Um dia os companheiros da rua decidiram nos expulsar com facas e garrafas quebradas e eu disse que eles eram racistas; hoje, quando olho para trás, me pergunto como pode uma pessoa de rua ser racista, a maioria dos casos é uma falta de conhecimento e ignorância, e não racismo, nesse caso eles fizeram isso por ganância, só queriam mais comida para eles mesmos, não queriam compartilhar. Quando cheguei ao Brasil, na região de Campinas/São Paulo, eu encontrei um casal de rua, um negro e uma branca, e decidi entrevistar o homem, que era negro, eu queria saber quando foi que eles ficaram juntos, se foi antes de irem para as ruas ou depois, e ele me disse que era um homem que veio do nordeste do Brasil para tentar a vida na cidade grande e acabou na rua. A primeira vez que viu sua amiga branca, ele se aproximou dela e ela o maltratou e disse que ela odiava os negros, ele ficou magoado. Um dia havia alguém distribuindo comida e ele pegou comida para ela, quando ele levou para ela, ela gostou tanto do ato dele que começou a chorar, ele perguntou "Por que você está chorando?", e ela disse a ele que estava arrependida pelo que ela havia dito a ele outro dia, e a partir daquele dia eles se uniram. O ódio que ela tinha por ele era um ódio infundado, foi baseado na falta de conhecimento, e todos nós somos culpados disso, às vezes. A verdade é que nós não nos conhecemos bem e, às vezes, descontamos isso nos outros. O segredo é olhar dentro de nós.

5.

A RAIZ DO PROBLEMA RACIAL

Normalmente os humanos não gostam de ver outras pessoas melhor do que elas na vida e isso se torna pior quando a outra pessoa tem algo diferente. Talvez venha de outro lugar, seja mais baixo, tenha uma religião diferente ou mesmo uma cor diferente da cor dele, não aceitamos ser deixados para trás, e esse é o gatilho para o que chamamos de nomes diferentes, como racismo, xenofobia, homofobia etc. Às vezes eles nem são melhores do que nós, mas o medo de que possamos ser deixados para trás já faz o gatilho disparar, esse gatilho também pode explodir para pessoas do mesmo país, mesma cor e religião, só porque a pessoa que está indo bem é uma mulher, e nós chamamos de nomes diferentes para camuflar a verdade, chamamos de misoginia, pessoas com a mesma cor, mas de tribos diferentes, nós chamamos de tribalismo, há também homofóbicos, em relação aos homossexuais, e racismo, para pessoas de raças diferentes. Há tantos subtítulos para o mesmo problema e muitas vezes queremos combater os subtítulos e não o problema real, porque ao combater o problema real nós seríamos expostos ao fato de que somos todos iguais e, fazendo isso, muitas vezes acusamos uns aos outros, que alguns são piores do que outros, e ao fazê-lo esquecemos de enfrentar o problema real, que afeta todos nós, porque nós não somos honestos o suficiente para entender que somos todos iguais. Somos muito bons em nomear coisas, porque a duas coisas que são as mesmas, damos nomes diferentes, por causa de cores e circunstâncias diferentes, mas vem da mesma fábrica, então começamos a acreditar que o problema que um tem o outro não tem, só porque é outra cor, é por isso que o racismo não pode acabar, para esconder a realidade, se o racismo acabar e uma pessoa agredir outra de raça diferente aí o ódio fica muito explicito, mas com o racismo a gente esquece o ódio que é a causa de tudo e ataca o racismo, mesmo vendo guerras entre europeus e guerras entre africanos a gente insiste que o único problema é racismo aí a gente esquece do ódio que existe no ser humano.

Aqui eu tenho a fórmula que cria o racismo e eu tive que criar essa fórmula porque eu sei que nossa civilização foi instruída a não acreditar em nada que não tenha fórmula, é por isso que recorremos à ciência para explicar tudo, e se a ciência não puder explicar, não podemos acreditar, então eu tive que criar uma fórmula para que possam acreditar.

Racismo = Falta de conhecimento X Sentimentos de Inferioridade ou Superioridade baseados na raça X falta de amor (ÓDIO).

Fórmula 1 – Fórmula do racismo

$$R = FC \times SI/SS \times FA$$

Fonte: elaborada pelo autor

Você provavelmente já ouviu falar que o conhecimento é poder, mas o que seria a falta dele, a falta dele é o oposto, é uma fraqueza, não poder, alguém sem conhecimento é vulnerável a acreditar em tudo o que ele vê ou ouve, e isso é muito limitado, porque nosso mundo é mais espiritual do que material, o que podemos ver é uma pequena parte da espiritualidade por trás dele, e aqui é onde o conhecimento vem à tona, para podermos ver a imagem maior, para dar um exemplo. Eu tenho uma impressora e ela vem com quatro cores apenas, mas ela imprime foto colorida. Você concorda comigo que em uma foto colorida temos mais de quatro cores, mas de onde vem as outras cores? Esse é um processo que ocorre dentro da impressora, não é visível aos olhos, então se você tiver alguém que julga as coisas de acordo com o que ele vê, será que é fácil acreditar que a impressora é capaz de imprimir foto colorida? Se uma impressora feita pelo homem é tão complexa, você não acha que o universo é muito mais complexo do que uma impressora? Aqui é onde o conhecimento entra em jogo, precisamos dele para entender a vida, infelizmente alguns conhecimentos não estão disponíveis para o público, você precisa obtê-lo sozinho, você precisa cavar e com o conhecimento certo você vai entender que todos nós somos parte da mesma coisa e, assim, você até começa a respeitar animais e plantas, porque você tem uma compreensão mais ampla de tudo e descobre que algumas pessoas não têm medo da morte por causa do conhecimento. Você descobre que a morte não é o fim como acreditamos, mas o início de algo novo, ela é um livramento da prisão física. Julgar os outros com base na cor da pele é uma falta de autoconhecimento, a pessoa que faz isso não sabe quem ela é, nem o motivo de estar aqui na Terra. Se você é de uma comunidade que diz que determinada raça é um deus, sua comunidade é racista, porque quando você diz isso, você se sente inferior, e quando você se sente inferior, você atrai aqueles que se sentem superiores, e o mesmo vale para comunidades que pensam negativamente sobre outras raças, porque eles começam a atrair essas pessoas para confirmar o que eles pensam, o que é chamado de lei de atração, que está trabalhando 24 horas e sete dias por semana. O universo não erra com as suas leis, tente mudar seus pensamentos e você verá a diferença, não tire conclusões com base em estatísticas que lhe darão as respostas erradas.

O sentimento de superioridade alimenta o ego negativo e o sentimento de inferioridade alimenta o vitimismo, os dois estão na extremidade um do outro; já o amor ajuda a moderar esses sentimentos, tornando-os harmoniosos e sem conflitos. Nos países de primeiro mundo, onde as diferenças sociais não são tão berrantes, existe uma moderação tanto no ego quanto no vitimismo e, aos poucos, a distância entre o ego e o vitimismo vão se estreitando; já nos países mais pobres, a distância é mais longa, quem é rico é muito rico e quem é pobre é muito pobre, e nesses países é onde a manifestação tanto do ego quanto do vitimismo é bem maior.

Falta de amor – nascemos com amor puro, e sabemos que o amor não acaba mas sim adoece, e quando isso acontece, geralmente vira ódio, o que acontece que permitimos que o nosso o amor vire ódio? Isso é feito por programação, tudo o que aprendemos pode potencializar ou transformar o nosso amor natural, o que acontece na cultura em que a palavra amor não pode ser dita? Como eles vão aprender sobre isso? Evitando dizer a palavra amor é uma maneira sútil de esconder Deus das pessoas, é equivalente ao tempo da Inquisição, quando ninguém era autorizado a ter opinião diference sobre a fé ou carregar um livro espiritual. É exatamente da mesma maneira, porque Deus é amor e a palavra amor e seu significado é algo que deve ser prioridade em todas as culturas, amor é a presença de Deus em puro formato universal, sem preconceito ou julgamento, porque quando falo de Jesus ou Mohamed, Buda, Jeová, sempre haverá resistência baseada em culturas. Felizmente nenhuma cultura reivindicou o amor para si mesmos, então não devemos esconder o amor a nossos filhos, e devemos usar a expressão, porque a palavra vibra e tem poder. Eu sei que não é fácil usar a palavra quando você não foi programado para fazer isso, eu também estou nessa luta, mas você pode aprender e quebrar esse bloqueio, e carregar uma nova cultura para as próximas gerações, devemos quebrar as correntes

A maneira como nos odiamos é a prova de que nosso amor é transformado no início da vida, e é assim que conseguimos carregar essas guerras de longo prazo. Quando uma criança promete não matar ninguém e você o chama de burro, mostra o ambiente ao redor, e precisamos de pessoas dispostas a quebrar essas correntes de ódio por um mundo melhor. Eu preferi ser um burro na infância a mudar de ideia, porque tudo o que acontece fora de nós começa por dentro. Eu vi crianças compartilhando comida com aqueles que foram para a escola sem comida e muita das vezes acabavam ficando sem comida, você chamaria de burra uma criança assim?

Já ouvi muitos pais dizendo para o filho "seja macho", você também provavelmente já ouviu essa expressão. Pois é, ele escuta o vizinho falando isso para o seu filho e ele compra a ideia para falar para o filho dele também, e ele nem sabe o que significa ser macho. Vamos lá, qual é o motivo que leva um pai a dizer isso ao filho?

Na maior parte dos casos são crianças sem agressão, puro amor, colocam os outro em primeiro lugar e às vezes nem sabem revidar quando um amiguinho bate nele. Apesar do tamanho, muitas vezes quando eles passam por injustiça, vão chorando para os pais, mas os pais são aqueles que na infância eram os Bulles dos outros, e agora? Ele não entende como possível, ele batia em todo mundo e hoje o filho dele apanha. Aí é que ele diz que tem que ser macho, porque o planeta Terra é de machos, mas você sabe o que significa ser macho? Vamos lá, na criação, quando Deus criou o ser humano, antes de dar os nomes, chamou-os de homem e mulher, e depois é que receberam nomes. Quando criou os animais, a Bíblia diz, criou-os macho e fêmea. Essa expressão macho e fêmea refere-se a animais, então quando você diz que o seu filho tem que ser macho, você está sugerindo a ele ser um animal e prova disso você encontra nos presídios, tudo lotado de machos, porque é lá onde eles pertencem a uma jaula, para poderem serem domesticados, e na maior parte das vezes foi devido ao incentivo de serem machos que partiu de casa. Então eles foram programados que se não revidarem a qualquer situação, não são machos, e quando eles revidam, geralmente é desproporcional, e acabam machucando os outros. Quantas brigas você já viu que poderiam ter sido evitadas, mas a nossa cultura terrestre não permite isso, evitar é coisa dos fracos, e às vezes a própria mãe, que repudia o marido por comportamentos machista, diz ao filho que tem que ser macho, é tanta contradição que perturba qualquer criança.

Quando começaram a nos queimar vivos na África do Sul, em 2008, pelos negros sul-africanos, e nos anos anteriores, chamaram o ato de xenofobia, é só escrever no Google xenofobia que você vai ver as imagens do que estou falando. Em 1994 rompeu-se um ataque brutal entre Hutus e Tutsis, em Ruanda, ambos grupos da mesma cor, mas diferentes tribos, chamaram de genocídio e eu também lembrei dos ataques na Europa, na era nazista de Hitler, que foi chamado de holocausto. Também pensei na violência entre muçulmanos e cristãos na Nigéria, há muitos anos, e percebi que a raiz do problema era a mesma, só ganha nome diferente, mas a mentalidade e o objetivo da violência são os mesmos, o medo da diversidade, não aceitar os outros por serem diferentes, encarar o desconhecido como uma ameaça, exterminando a outra pessoa com a esperança de uma vida melhor. A outra pessoa é aquela que dificulta sua felicidade só porque é de cor diferente, é de outro país ou do mesmo país, mas é de outra região ou religião, ou tem uma opinião diferente. No meu próprio país também temos preconceito entre norte e sul, então eu percebi que o problema é emocional, é uma crença limitante enraizada na mente dos povos que os faz ver as diferenças como uma ameaça, ou então ameaça de perder o conforto, em que o agressor se vitimiza primeiro e depois parte para o ataque. Ele sente que está se defendendo de alguma ameaça, que ele mesmo criou em sua própria mente, e é assim que ele ataca pessoas de outras raças. Na ausência de pessoas de outras raças, ele vai para outras nacionalidades, na ausência de pessoas de outras nacionalidades, ele se concentra internamente e ataca pessoas de outras regiões ou religiões, e assim por diante. É uma crença limitante, é um problema emocional juntamente com a falta de amor e conhecimento que causa todos esses danos, mas por que eu enfatizo a falta de amor? Porque se você pensar em algo negativo sobre outra pessoa, o amor vai movê-lo a corrigir o pensamento e ajudar essa pessoa, porque pensamento negativo todos temos, o problema é o que fazemos com esses pensamentos, nós os reprimimos ou obedecemos a eles? Portanto, a falta de amor faz você multiplicar o problema, então, em vez de ajudar, você vai prejudicar a pessoa.

Vamos a um exemplo, em todos os países do mundo existem pessoas dizendo assim, aqui neste país só prospera estrangeiros. Se a pessoa que fala isso tiver amor, mesmo sem conhecimento, ela pode equilibrar o seu pensamento, mas a pessoa que fala isso sem amor é um perigo enorme, e esse comentário, "neste país só prospera estrangeiro", é um comentário de alguém que se sente inferior. A periculosidade dessa pessoa vai depender muito do nível de amor que tiver, esse foi exatamente o motivo que levou as agressões de estrangeiros negros na África do Sul, e eu falo da África do Sul porque eu vivenciei, mas essa barbaridade acontece em vários lugares no mundo. E o mesmo acontece com as pessoas que se sentem superior, elas acham que os outros não são produtivos o suficiente e que não deveriam existir, eles só causam prejuízos aos cofres públicos. Agora, a pessoa que faz esse comentário, você acha que consegue ajudar? Logico que não, se ela vê alguém em situação precária, ela ajuda a pessoa a morrer. Não ter conhecimento e não ter amor, ou seja, ter o amor doente é altamente perigoso para a sociedade.

Uma pessoa sem amor é como um animal feroz, precisa ser domada, se você pegar um animal feroz e levar para dentro de casa, ele pode até comer os seus filhos, o que você tem que fazer primeiro é domar o animal. A mente sem amor não é diferente, quando você vê os crimes bárbaros que as pessoas cometem, você não se pergunta onde estava a mente dele? Isso mesmo, eles deixaram se levar pelas próprias ideias e o resultado é trágico, por isso é importante treinar a nossa mente primeiro, e só depois podemos obedecê-la. Mesmo assim, filtrando o que é correto e o que não é, quando a gente aceita agredir os outros por causa das diferenças, é falta do controle emocional, falta de amor é uma ignorância.

E o melhor exemplo que tenho disso é quando chegamos na África do Sul, vivemos e nos alimentamos com os moradores de rua na Cidade do Cabo e, mais tarde, em uma igreja abandonada em Woodstock. Anos depois tivemos ótimos empregos, mas aqueles moradores de rua, nossos amigos que viviam conosco na igreja abandonada, continuaram moradores de rua. E agora, que culpa temos? Foi nossa culpa eles não saírem da rua?

Trabalhei em construção por muitos anos na África do Sul e encontrei negros sul-africanos que trabalhavam na empresa há dez e quinze anos, eles eram ajudantes de pedreiro e essa era a categoria mais baixa da empresa. Em seis meses eu já estava fazendo coisas que o pedreiro fazia e já colocava tijolo na parede, já rebocava parede e subi de nível na empresa. Eu achei que eu era muito inteligente, porque eu nunca havia feito esse trabalho antes e os colegas que eu encontrei, que estão trabalhando por dez e quinze anos, não podiam fazer o que eu estava fazendo em seis meses. Meu patrão também queria investir em mim e todos pensavam que eu era um gênio, então meu salário aumentou na empresa, aí meus colegas negros sul-africanos começaram a me invejar, mas a realidade era que meus colegas negros sul-africanos não eram menos inteligentes do que eu, eles apenas estavam emocionalmente bloqueados de duas maneiras. Primeiro, muitos deles estavam trabalhando na empresa há mais de dez anos, o que significa que começaram antes de Mandela se tornar o presidente, então ainda existia o *apartheid*, e os negros não eram aceitos como pedreiros, apenas mestiços eram. Então, embora o *apartheid* estivesse acabado no papel, ainda estava na mente das pessoas, e isso causava o primeiro bloqueio neles. O segundo bloqueio era que na África do sul o pedreiro precisava de um certificado técnico de alguma instituição, isso também causava bloqueio no aprendizado, na mente dele só se aprende a ser pedreiro no colégio, e se aprender fora do colégio, ninguém vai dar valor, por falta do certificado. É assim que eles pensavam, e eu sei disso porque quando cheguei na África do Sul existiam muitos lugares que ensinavam inglês gratuito, mas muitos Angolanos não queriam aprender pelo fato de que não existia certificado, porque existia a crença limitante de que não se conseguia emprego em Angola falando inglês sem certificado. E engana-se quem pensa que esse problema era só na África, é um problema global, e eu sei disso porque em 2020 eu estava participando de uma live via zoom e havia pessoas de vários países, fomos convidados para participar de uma plataforma on-line de aprendizado, para desenvolvimento pessoal, e uma mulher da Europa perguntou se a plataforma emitia certificados. O dirigente disse que não, e ela disse que por esse motivo não queria participar. Foi aí que lembrei de tudo isso, a fé nos certificados até hoje é tão grande que muita gente ainda não consegue aprender algo sabendo que terá um conhecimento sem certificado, e isso era o problema dos meus colegas na África do sul, Eu não era mais inteligente do que eles, apenas não tinha esse bloqueio por causa do interesse pessoal de aprender. Depois percebi que os negros que vieram de outros países não tinham esse bloqueio, porque ser pedreiro nos outros países da África não requer certificado, só habilidade mesmo, por isso aprendiam rápido. Eles acreditavam que éramos muito inteligentes e todos concordavam, e alguns sul-africanos brancos prefeririam dar os empregos aos estrangeiros negros pensando que eram mais inteligentes do que os negros locais, e isso é o que causou problemas aos estrangeiros negros na África do Sul, causando os ataques xenófobos, nos quais muitos estrangeiros negros foram queimados vivos. Quem estava nos queimando era a classe de frequência baixa, sim, a classe que passava quinze anos como ajudante ou no nível inicial da empresa. Esses são os que estavam se sentindo ameaçados por estrangeiros negros, aqueles que testemunharam estrangeiros negros chegando ao país sem nada, apenas com a roupa do corpo, e cinco anos depois já tinham mais coisas materiais do que eles. Eu tenho que admitir que nem todos os negros da baixa frequência tiveram o mesmo sentimento, aqueles que frequentavam igreja, por exemplo, conseguiram cultivar o amor, e por causa do amor que eles tinham, eram contra os ataques, e alguns de nós foram salvos por esses negros que tinham amor no coração. Negros com a frequência alta não compactuavam com o crime. Na época eu já estava vivendo em uma comunidade branca, então eu estava relativamente seguro, nunca vou esquecer uma foto de um policial negro chegando ao local, começou a sorrir, quando ele viu um estrangeiro negro em chamas. Agora, esse policial, embora estivesse com uniforme, você pode imaginar que frequência ele é, não é? Era um policial negro, mas qual a diferença que ele tem de um policial branco que mata o negro, nenhuma, por isso o problema racial é mais mental do que racial.

Agora, o fato de realizar um longo serviço sem fazer nenhum progresso não se limitada aos negros na África do Sul, é um problema mundial. Quantas vezes vemos pessoa com dez e vinte anos de serviço e na mesma categoria em que ele começou no nível inicial. Isso acontece porque ele aceita e se sente confortável onde está, e não aceita desafio. Sabemos que não há crescimento na zona de conforto, somos seres progressivos, precisamos ansiar por coisas melhores, que sempre podemos melhorar, e isso não acontece sem o desejo, tudo começa com o desejo. As pessoas que deixam seus países para ir para outro, estão cheias de desejo e querem cumpri-los, caso contrário elas estariam sentadas em seu próprio país. Então, vamos respeitar, porque aqueles que se atrevem a mudar a si mesmos são aqueles que muitas vezes mudam o mundo. Eu conheço pessoas que começaram bem lá embaixo na empresa e percorreram o caminho até chegar no topo da empresa, pessoas assim nunca terão ressentimento pela prosperidade de outras pessoas, porque elas estão muito ocupadas com a própria prosperidade e não têm tempo para se vitimizarem.

Prosperidade é uma escolha só que as pessoas preguiçosas muitas vezes querem culpar os outros pelos seus fracassos, se elas têm sucesso, tudo bem, mas se outra pessoa for bem-sucedida, elas pensam que o sucesso do outro é o motivo do fracasso delas. Se esse outro for de outro lugar, aí piora, pensam que ele deve voltar para o seu lugar de origem, ou ele não pertence ao lugar em que está. Esse tipo de raciocínio afeta todos aqueles que não têm controle de suas emoções, não importa de qual raça ou nacionalidade são, tudo a mesma coisa. É exatamente como eu costumava pensar sobre os brancos no meu país, sempre acreditei que eu era pobre devido a eles serem ricos, e isso acontece em todo o mundo. Recebi relatos de pessoas que foram maltratadas nos Estados Unidos e muita das vezes por pessoas da mesma raça, só porque eles vieram de outros países ou porque tinham um sotaque diferente. Então, a ignorância está em todo o mundo. Recentemente tivemos a onda de violência sobre as pessoas asiáticas nos Estados Unidos, é uma síndrome mundial contra a qual precisamos lutar juntos e o que eu gostei é que não chamaram de racismo, eles chamaram o nome correto *asian hate*, que significa ódio asiático, e se lutarmos contra o ódio, vamos lutar juntos e teremos amor, mas contra o racismo será sempre uma luta dividida e em vão porque o problema não está na raça.

No Brasil, há uma mulher negra que costumava apresentar a reportagem meteorológica em uma das emissoras de TV do país e, provavelmente, a primeira negra que mantinha essa posição. Ela era um sucesso, inteligente e muito linda também, e começou a ser atacada nas redes sociais e ser chamada de nomes ligados ao preconceito, e 99% dos agressores eram pessoas de uma cor de pele diferente da dela, que de alguma forma acreditavam que se ela não tivesse esse emprego, talvez a vaga seria para elas. É uma maneira fácil que a mente encontra para minimizar a dor, e a pessoa tenta minimizar a dor com agressão seja física ou verbal.

Então, é uma dor emocional que todos os humanos têm e não tem nada a ver com a cor da sua pele, não existe uma cor de pele melhor que a outra, somos um só povo, então o que precisamos fazer é lutar contra nossas próprias emoções, para controlá-las e não culpar outras pessoas por nossas falhas ou fracasso. Somos pessoalmente responsáveis pelo que acontece em nossas vidas, caso contrário, as pessoas sempre nos controlarão.

Na África do Sul conheci uma mulher branca, ela tinha mais de 60 anos, sem qualquer qualificação, nunca se casou, não tinha filhos e os amigos e familiares tinham que ajudá-la financeiramente, e um dia um dos membros da família ficou sabendo de uma vaga para uma tea lady [9], como é chamado lá, e foi dizer a ela sobre a vaga, porque é um emprego leve, não requer muito esforço, e era perto de casa também. Com um emprego ela poderia ter seu próprio dinheiro e não depender de outras pessoas. Quando ele falou da vaga para ela, sabe o que ela disse? Ela não poderia aceitar esse emprego porque ela não era negra. Ela era uma senhora de sessenta anos, o que significa que ela foi programada durante o *apartheid,* quando as mulheres que faziam o chá/café eram negras. Hoje, portanto, essa senhora prefere implorar a trabalhar, isso é chamado de programação mental, agora é quase impossível mudar de ideia, aos sessenta, se ela não entender que a programação estava errada, ela nunca pode substituí-la, porque para uma pessoa mudar, primeiro precisa entender que a programação estava errada e ter o desejo de mudar. Se esse processo não acontecer, a mudança é impossível.

Numa manhã de domingo eu estava andando nas ruas do Bellville, Cidade do Cabo, com duas mulheres brancas, estávamos fazendo um trabalho voluntário e vimos um homem negro urinando na rua, e uma das senhoras brancas disse que seu avô havia dito que "no dia em que os negros governarem este país, isso iria acontecer e está acontecendo agora", aposto que ela foi programada para ver isso acontecendo. Se o homem fosse uma pessoa branca, ela nem perceberia, porque não teria nada para se lembrar e não significaria nada para ela, seu avô disparou um comando de alarme em sua mente, para disparar no dia em que ela visse um homem negro urinando na rua. É como um relógio, quando você definir um alarme, o relógio ignorará todos os outros números, mas quando ele chegar no número programado, ele dispara, não é diferente com nossas mentes, por isso precisamos aprender a identificar esses alarmes. Isso é exatamente o que acontece com hipnoses, é possível dar comandos específicos para sua mente responder às instruções, e não importa quantos anos possam passar, a pessoa vai disparar no dia em que ver a instrução dada. É por isso o que aprendemos na infância tem um impacto muito forte na maneira como encaramos e respondemos ao mundo, e é assim que conseguimos herdar o ódio. Essa mulher estava na casa dos cinquenta anos, o que significa que ela recebeu essa programa-

[9] Mulher que faz o café/chá em empresas.

ção quando era criança, durante o tempo do *apartheid*. Para mim não foi uma surpresa ouvir coisas assim, e esse é um dos cenários em que eu tenho que dizer, "olá, eu sou negro", e a resposta é sempre a mesma, "mas você é diferente", esse diferente a que eles se referem é a vibração e não a cor, e levei anos para entender isso, eu não intendia qual era a diferença.

Eu também trabalhei com um sul-africano negro de uma tribo local que me disse que ele nunca poderia se casar com uma mulher branca, sua declaração foi muito forte e firme, então eu lhe perguntei se havia um motivo específico. Sua resposta foi porque seus ancestrais não ficariam felizes, pois foram maltratados pelos brancos. Para mim isso era algo novo, porque na minha tribo nunca nos ensinaram sobre venerar ancestrais ou algo semelhante, mas isso é muito comum em outras partes da África. Eu acho que falar sobre reconciliação e perdão é mais difícil para alguém que foi ensinado a nunca se misturar ou nunca perdoar, como essa pessoa vai quebrar tal instrução, que é tão poderosa, o que ela vai ensinar aos seus filhos? Como ela vai agir se um membro da família decide o oposto? Essa mesma instrução existe para brancos, que também receberam instrução semelhante, como seria a convivências dos dois grupos? A programação é herdada de geração para geração, até um dia surgir alguém para quebrar essa corrente. No meu caso eu acho que meus ancestrais ficariam muito felizes em saber que houve uma reconciliação e esse era o sonho de muitos deles, incluindo Martin Luther king. Ele sabia que era apenas questão de tempo para que a segregação chegasse ao fim, e nunca encorajou que a segregação continuasse. Eles são os próprios que começaram com a luta pela reconciliação, e é por isso que algumas nações são mais flexíveis do que outras nessa questão racial, tudo devido a raízes culturais, ou seja, a programação mental.

Onde eu cresci há uma tribo com a qual meus pais disseram que eu não deveria fazer negócios, nem se casar com ninguém daquela tribo. Eu perguntei ao meu pai qual era o motivo, e ele ficou bravo comigo, porque eu não deveria perguntar, apenas obedecê-lo. É assim que nós humanos conseguimos carregar o ódio por gerações, algumas gerações nem sabem o que aconteceu, eles só querem seguir a cultura que lhes foi deixada, nós humanos devemos estar em constante evolução no amor, mas alguns de nós têm mais sucesso no ódio do que no amor, devemos parar de carregar ódio, porque é muito pesado para suportar, agora é a hora de espalhar o amor, é a melhor cultura que podemos deixar para nossos filhos.

Eu tive um vizinho na África do Sul que costumávamos chamá-lo de racista, ele não olhava no rosto da gente e quando dávamos bom dia, em vez de responder, ele franzia a testa, foi aí que apelidamos ele de racista. Um dia eu decidi olhar para suas mídias sociais na internet e vi muitas fotos dele socializando com pessoas negras, foi muito interessante para mim ver como alguém muito racista socializava com pessoas negras, e eu levei esse caso pessoalmente para investigar. Numa das fotos tinha um rapaz que trabalhava na mesma empresa em que eu estava trabalhando, o que tornou a investigação muito mais fácil. Um dia fui falar com o rapaz, e eu comecei assim "oh, você conhece o fulano"? É meu primo, ele respondeu, aí facilitou ainda mais a minha investigação, e descobri que o pai do meu vizinho morreu na guerra, em Angola, então seu racismo não era para todos os negros, seu racismo era específico para o povo angolano, porque seu pai morreu na guerra angolana, e isso fez muito sentido, é mais um trauma do que ser um racista. Na época de guerra a África do Sul do governo do apartheid apoiou o rebelde angolano, a partir daquele dia nunca mais chamamos ele de racista, pelo contrário, orei para que Deus consolasse o seu coração.

Outra experiência semelhante vivi no Brasil. Eu namorei uma mulher loura, que vou chamar de Donné. Nossa relação era maravilhosa, éramos da mesma religião na época e eu tinha intenção de casar-se com Donné, mas ela estava com muito medo de me apresentar à sua família por eu ser negro, ela dizia-me que a família dela ainda era muito racista, não era da nossa religião. Eu fui à casa de Donné poucas vezes, só quando a família estava viajando, ela estava realmente temerosa com a opinião da família. Um dia ela quis testar a opinião da família em relação a relacionamento multirracial, Donné postou uma foto de um casal de um homem preto um cantor britânico e uma mulher branca alemã em suas redes sociais, um casal famoso mundialmente inclusive era uma foto antiga porque o casal nem estava mais junto, e ela disse que alguns membros da família lhe pediram para remover a foto, outro disse que era uma foto chocante, e por isso Donné sabia que ia ter resistência com a família. Com essa experiência eu sabia que a família de Donné tinha algum tipo de trauma e eu queria saber mais sobre o passado da família. Eu comecei a investigar a raiz do trauma, mas terminamos o relacionamento antes de terminar a investigação, porque não era normal uma senhora na idade dela não poder decidir por ela mesma, não era um bom sinal para continuar o relacionamento e eu sabia que se Donné fosse mais jovem, teria sido muito mais fácil para ela assumir o nosso relacionamento, porque quanto mais velho somos, mais difícil de mudar os paradigmas.

Agora, olhe para este cenário fictício, o homem estava envolvido com o comércio de escravos, e ele investia todo o seu dinheiro, porque era um negócio próspero e, de repente, há uma lei proibindo o comércio de humanos e ele está cheio de estoque, mas ninguém quer comprar mais, porque se tornara ilegal e ele tem que vendê-los abaixo do preço de mercado. Então vai à falência, porque ele não pode recuperar o dinheiro investido e, depois, tem que libertar algumas dessas pessoas. O que você acha que ele vai sentir sobre isso? E os filhos saberão que agora eles não têm dinheiro, porque o papai não pode mais continuar com o seu negócio, isso se torna um trauma que é levado de geração para geração, até que alguém na família vem e quebra essa corrente, e o trauma é ainda pior, ver uma pessoa negra prosperando. Aquela criança branca, agora um adulto, onde quer que ela vá, leva esse trauma com ela, geração após geração, e chega uma geração que nem sequer conhece a raiz do ódio, só sabe que odeia negros. O mesmo ódio também se aplica aos casais que terminam o relacionamento devido à infidelidade conjugal, e essa infidelidade foi realizada com uma pessoa de uma raça diferente. Depois de muitos anos a pessoa não vai esquecer e não será capaz de separar a infidelidade com a raça da pessoa que a praticou, a pessoa sempre vai acreditar que a infidelidade foi devido à raça da pessoa e não pelo seu caráter. Esses sentimentos infelizmente podem ser transferidos para as gerações futuras, e é por isso que estamos tão lentos para evoluir, transferindo traumas passados para as próximas gerações.

No Brasil também conheci uma família portuguesa que veio de Angola, eles deixaram Angola no ano 1975, provavelmente saíram durante a guerra da independência, e as pessoas que deixaram o país naquele período saíram com traumas por causa da guerra da independência. Mas a família em questão não passou o trauma para seus filhos, isso significa que é possível quebrar as correntes do ódio e é louvável, porque uma de suas filhas é casada com um homem negro, e isso é o que me interessou. Fui perguntar-lhe como foi, em minha mente ela teria enfrentado um momento difícil com a família, para aceitarem o relacionamento dela, mas ela me disse que a família aceitou sem qualquer problema, ela não teve qualquer resistência na família, que família amorosa, não é mesmo? Apelidei eles de família do bem.

6.

LADO ESPIRITUAL DO RACISMO

Lentamente, a humanidade começa a entender a complexidade do nosso universo, mas ainda estamos muito longe de entender o poder de Deus e o verdadeiro significado do que viemos fazer aqui na Terra. Que Deus é amor a maioria já sabe, o que ainda não entendemos é o que é amor, porque no momento em que entendemos o verdadeiro significado do amor, automaticamente nos tornamos uma pessoa melhor, porque o amor é a força mais poderosa do universo, e todas as religiões falam sobre isso, então por que ainda há tanto ódio no mundo? A violência, o ódio e a maldade são evidências de que ainda não sabemos o que é amor, porque está claro, um dos livros sagrado diz que o amor é paciente e gentil, o amor não é ciumento, não se gaba, não se enfuna, não se comporta indecentemente, não procura os seus próprios interesses, não fica encolerizado. Não leva em conta o dano. Não se alegra com a injustiça, mas alegra-se com a verdade. Suporta todas as coisas, acredita todas as coisas, espera todas as coisas, persevera em todas as coisas. O amor nunca falha (1 Coríntios 13:4-8).

O amor nunca falha, quando negamos o amor é quando a maldade penetra e para torná-la pior, nosso vocabulário não ajuda muito. Por anos que costumávamos nos chamar de pessoas físicas, e isso trouxe tantos danos a nós mesmos, porque acabamos nos comparando com coisas que criamos, e isso é uma negação grosseira do amor. Se você olhar para a Medicina, por exemplo, ela se concentra apenas no físico, mas a realidade que poucos sabem é que somos seres espirituais tendo uma experiência física, e esse conhecimento faz toda diferença, aplicar isso na sua vida pessoal resolverá muitos problemas que você tem. Estamos vivendo em um mundo espiritual, todos nós estamos conectados, nossos pensamentos criam um campo electro magnético vibracional e atraímos aquilo que vibramos. Essa vibração nos conecta inconscientemente com aqueles que têm o mesmo pensamento que nós, ou seja, a mesma vibração. Agora, seja honesto comigo, se ninguém nunca falasse sobre a lei da gravidade, será que você nunca desconfiaria por si mesmo que existe uma força que atrai as coisas de volta à Terra? Você não saberia o nome, mas iria entender que sempre que você joga algo para cima, o objeto acaba caindo de volta, não é verdade? Será que é preciso ser um gênio para entender isso? Agora, por que você não pode acreditar que há uma força que conecta todos nós, a conexão existe e funciona 24 horas, nos sete dias da semana, a mesma força que conecta seu telefone sem fio ao mundo, há exatamente a mesma força que conecta os humanos, você nunca ajudou alguém e essa pessoa disse que estava realmente precisando? Ou você pensa que é apenas maneira de agradecer? Talvez um presente que você entrega para alguém e ele diz que só não comprou porque estava sem dinheiro ou não sabia onde comprar, mas ele estava precisando muito e você deu sem saber da necessidade, ou você mesmo nunca recebeu uma ajuda que você realmente precisava, sem pedir? Durante o período em que eu estava escrevendo este livro, um dia eu estava atravessando a estrada e percebi que tinha um carro parado que não pegava de arranque, ele parou no sinal vermelho e desligou. No momento em que eu atravessei a estrada eu vi a cena, e dentro do carro estava apenas o motorista e uma mulher, eu fui andando devagar e pensando dentro de mim em como eu poderia ajudar. Na hora, vejo duas pessoas falando a mesma coisa que eu estava pensando, eu apenas falei "vamos empurrar o carro?". Eles concordaram e fomos ajudar a empurrar o carro para a lateral da estrada, o meu pensamento e dos outros rapazes foi acionado pelo motorista, no momento em que ele pensou "o que é que vou fazer?". Foi exatamente o momento em que eu e os outros rapazes recebemos o alerta mental e entramos em prontidão para ajudar. Tudo tem a ver com nossa vibração, e é por isso que ouvimos as pessoas dizendo para ser positivo, porque quando você pensa positivo, você vibra positivo, você envia uma vibração positiva onde quer que você vá. As pessoas positivas vão se conectar com você e, nesse caso do carro, eu tenho certeza de que o motorista do carro era uma pessoa positiva, porque além da ajuda rápida que ele recebeu, nenhum carro atrás dele buzinou. Nessa região em que moro, um segundo depois de o sinal abrir, se você não se mover, os carros fazem música de buzina atrás, mas isso não aconteceu, se você não sabe, tudo isso foi controlado pelos pensamentos positivos do motorista, tanto a ajuda que ele recebeu quanto o silêncio dos motoristas atrás dele.

Você já encontrou o seu comediante favorito na rua? Só por encontrá-lo, ele não precisa dizer nada, e você comece sorrir, porque essa é a energia que ele está carregando. Você já foi a um funeral? Qual é a energia no funeral? Triste, não é? Uma vez que você chega ao local, automaticamente você muda de vibração para o mesmo nível do local. Agora, tente sorrir alto no funeral, todo mundo vai olhar para você com uma pergunta nos olhos e isso só acontece porque você não está vibrando da mesma forma que todo mundo. Isso acontece no hospital também, você chega ao hospital e automaticamente sente aquela vibração triste, é por isso que um grupo de palhaços uma vez decidiu ir e tentar mudar um pouco a vibração no hospital. Eles foram para o hospital para fazer os pacientes rirem e foi um sucesso. Iniciativas como essa se espalharam por todo o mundo, existem equipes de palhaços indo a hospitais para entreter os pacientes, em algum hospital são os próprios médicos que se vestem com roupas de palhaço para entreter os pacientes, e isso é sempre feito por uma equipe. Agora, tente fazê-lo sozinho? É muito difícil, porque a energia negativa é muito forte, pode facilmente dominá-lo. Querendo aceitar vibração ou não, ela existe e a sentimos, e os médicos relatam uma melhor resposta dos pacientes depois de serem expostos a uma energia vibracional positiva.

Na minha língua há uma expressão que diz que a oportunidade faz o ladrão, mas na realidade é o contrário, o ladrão cria a oportunidade na sua mente, porque é a mente que cria tudo, segundo a física quântica, é o pensamento que cria a realidade, entre a oportunidade e o ladrão, quem tem a mente é o ladrão, enquanto o ladrão alimenta a ideia, ele a manifesta, ele cria a situação. Um homem andando na rua pensando em assaltar um veículo, por exemplo, na próxima quadra ele encontra uma mulher com a chave no contato, removendo a cadeirinha do bebé, para levar para dentro de casa. É uma oportunidade manifestada pelo ladrão, e não o contrário, ninguém vai furtar um carro só porque a chave estava no contato, ele furta porque é a manifestação dos pensamentos dele, sem o desejo de furtar, você bate na porta da casa e fala "a chave do carro está no contato". Então vamos parar de dizer que a "oportunidade faz o ladrão", percebi que essa expressão é uma crença mundial errada, devemos falar: "Cuidado! O ladrão vai manifestar essa oportunidade". Às vezes até a carteira, quando caí, as pessoas avisam o dono, por não estarem pensando em tomar coisas dos outros.

Outro exemplo pessoal foi a minha experiência com as testemunhas de Jeová, eu atraí eles por causa do meu repúdio sobre guerras, foi nessa vibração que eu consegui atrair eles, porque eles preferem ir presos a participarem de guerras, e esse era o pensamento que eu tinha, qualquer outra religião em que os membro participam de guerras livremente não poderiam me convencer, porque a vida é sagrada para Deus e eu encaro do mesmo jeito, e com esse pensamento atraí pessoas que pensam do mesmo jeito.

Faço esta pesquisa independente há mais de 20 anos e descobri que 99% das pessoas negras que foram brutalmente assassinadas por policiais brancos não gostavam de policiais brancos por várias razões. Para alguns, foi porque foram presos antes por policiais brancos, outros estavam envolvidos com crimes ou carregam um trauma racial passado. E o agressor, o policial branco, também tem um registro passado do mesmo incidente. Isso significa que se uma pessoa negra sente raiva, ódio sobre racismo, e algo acontecer com ela e precisarem chamar a polícia, não importa se ela está certa ou errada, o policial que estará disponível para atender a sua ocorrência será um policial que acredita que os negros não deveriam existir, então essa pessoa vai atrair alguém para confirmar o que ela acredita ou para confirmar sua vibração, ou seja, alguém na mesma vibração que ela. Agora, adivinhe o que vai acontecer quando o policial chegar no local. Sim, tragédia, porque o homem negro, quando se deparar com o policial branco, não estará interessado em obedecer a suas ordens, e o policial branco vai ver a situação como uma oportunidade de executá-lo, porque, na sua opinião, o homem negro não deveria existir. Agora, pense no mesmo cenário se um deles estiver revestido de amor (vibração do amor), como as escrituras dizem, nesse caso nenhuma tragédia vai acontecer, porque o amor é tão poderoso que pode neutralizar o ódio.

Quando eu morava na África do Sul, acreditava, com base no passado do país, que os brancos eram muito racistas, e eu vibrei a maneira que eu pensava e não conseguia arrumar emprego sequer, porque as empresas na Cidade do Cabo eram predominantemente brancas, por isso era difícil ser aceito em um lugar que minha mente sabia que era ruim para mim. Eu batalhei tanto e enquanto eu não conseguia emprego, acreditava que era por ser negro, mas eu podia ver outros negros trabalhando normalmente, para mim eles eram sortudos, até que um dia eu fui a uma agência de emprego e tivemos que fazer um teste de matemática, aqueles que tinham as notas mais altas eram os que os empregadores queriam. Eu tive 100% e a senhora da recepção veio me parabenizar, ela me disse que eu fui a primeira pessoa a tirar aquela nota desde que ela começou a trabalhar naquele local. Eu estava tão feliz ouvindo isso e no meu coração eu pensei

“É dessa vez que eu consigo emprego”, e adivinha, eu não fui contratado. Pessoas que tiveram notas mais baixa do que a minha estavam empregados e eu não conseguia entender, aquele dia foi um divisor de água para mim, porque eu tinha a opção de acordar ou continuar em meus pensamentos medíocres de que era culpa do racismo, mas eu não podia culpar o racismo, porque havia pessoas negras que foram contratadas.

A partir daquele dia eu coloquei a culpa em mim e foi a melhor coisa que eu já fiz, passei a assumir a responsabilidade das coisas que acontecem na minha vida, e já que eu sou o culpado, preciso entender os motivos, eu quero saber, eu fui de joelhos pedindo a Deus para me mostrar o caminho, eu queria entender a vida. Não muito tempo depois, um homem branco bateu na minha porta, ele era um pregador das testemunhas de Jeová e veio me oferecer um estudo bíblico. Eu conheci esse povo do meu país de origem e tinha amigos que frequentavam essa religião também. Aceitei o estudo bíblico porque eu queria saber até onde aquele homem branco estava indo com sua intensão, na minha mente, ele só queria outro membro para sua igreja e eu estava atento para identificar suas intenções. Até então eu acreditava que os brancos só mostram interesse em pessoas negras quando eles querem ganhar algo, felizmente, eu não encontrei nenhuma malícia naquele homem, foi puro amor de Deus. Comecei o estudo e descobri que eles também não vão para guerras, não carregam armas, nem praticam esportes de briga, inclusive, em muitos países eles são presos por se recusarem de fazer parte da guerra. Nesse momento eu soube que não era burrice eu me negar em participar de guerras, outro ponto chave que eu aprendi na Bíblia é que eu sou a imagem e semelhança de Deus, foi uma pérola aprender isso. Logo eu estava me juntando a eles em suas reuniões espirituais e um dia eu fui convidado a ir a uma piscina na casa de um de seus irmãos brancos e lá eu vi um milagre. Enquanto eu estava lá, o dono da casa deu a cada convidado uma toalha, incluindo os negros, e ele até compartilhou sua toalha com um rapaz negro e não foi por engano, eles não tinham qualquer preconceito uns contra os outros. Quando eu vi isso acontecendo na África do Sul, chamei de milagre, mas por que um milagre? Porque eu cheguei na África do Sul em 1994, logo após Mandela se tornar presidente, mas na época a cultura ainda era da antiga África do Sul, ao ponto de saberem quem era negro e quem era branco pelo telefone, uma pessoa negra andando em algumas ruas atrairia a polícia em três minutos.

Um dia fomos relatar um ato de racismo na delegacia de Woodstock e o questionamento do policial nos fez pensar duas vezes, porque ele acreditava que estávamos no lugar errado e se não queríamos que o fato tivesse ocorrido, precisávamos evitar certos lugares. Então, embora o *apartheid* tivesse terminado, as pessoas ainda estavam respirando o velho sistema. Por isso, encontrar aquele grupo compartilhando toalhas, para mim, foi um milagre, mas a verdade é que eles realmente acreditam que Deus criou todo homem e agem de acordo com sua compreensão. Depois disso eu não tinha dúvidas sobre o amor de Deus e seis meses depois comecei a pregar sobre o amor de Deus também. Nosso território do Auckdale no Bellville / Cidade do Cabo era um território branco e é um costume das testemunhas de Jeová de andar em pares. Para evitar problemas no bairro, eles nunca escalam dois negros para andar juntos, porque sabiam da capacidade de seus vizinhos brancos, então eu sempre andei com uma pessoa branca. Devido a esse trabalho, eu não podia mais encarar os brancos como racistas, agora eu tinha que vê-los como potenciais futuros servos de Deus, como um vendedor que precisa ver todo mundo como um cliente em potencial, e essa mudança de mentalidade fez toda a diferença, porque minha vibração mudou automaticamente, eu pude ver a diferença em mim. Antes, quando eu me encontrava com uma pessoa branca que me tratava mal, eu sentiria raiva da pessoa, mas na minha nova mentalidade eu sentiria dó, sabendo que ela está agindo assim porque não conhece o amor de Deus. Agora eu sei que é minha responsabilidade pregar o amor de Deus a essa pessoa, a mentalidade muda e assim também a sua vibração muda completamente, o conhecimento sobre si mesmo e sobre Deus, quando em harmonia, faz milagres, porque eleva a sua vibração e nenhum homem pode derrubá-lo.

Fui batizado e comecei a progredir. Deus continuou se manifestando sobre minha vida e decidi fazer o trabalho de pregação em tempo integral, foi quando me desliguei da faculdade para me empenhar no serviço de pregação, tínhamos grupos para sair na pregação de casa em casa, o organizador sempre organizava os grupos em dois, como Jesus costumava fazer, e se fôssemos um número ímpar, o organizador trabalharia sozinho, e nunca tivemos problemas com isso, porque o organizador era uma pessoa branca, andar no bairro dos brancos não era um problema para ele. Como fui progredindo e me tornei um ancião (os anciãos são os que tomam a liderança no serviço de pregação), com esse privilégio me tornei o organizador para os grupos de pregação, e eu estava feliz por isso. Um dia estávamos em números ímpar, e agora? Minha primeira vez para trabalhar sozinho em uma comunidade branca, quais eram as consequências de um negro andar sozinho na rua na comunidade branca? Em primeiro lugar, as pessoas podiam me ver e imediatamente chamar a polícia, o que era a cultura, tudo o que eles precisavam dizer é que há um homem negro e estrangeiro andando na rua, e eles sabem quando é um negro local e quando é um estrangeiro, o tom do preto estrangeiro é diferente do tom dos xhosa, que são os negros locais. Chamando a polícia, eles já sabiam o que fazer, e geralmente a polícia chegava nos próximos três minutos. O serviço policial na África do Sul, quando o assunto era uma pessoa negra, era realmente eficiente. Ao encontrar a pessoa, a polícia queria saber de onde você estava vindo e para onde você iria, e o mínimo que eles faziam era revistar você. Se não houvesse nada de errado, deixavam você prosseguir.

Então, em um bairro assim é quase impossível alguém ouvir a mensagem de um negro do ponto de vista humano, eu estava com essa enorme responsabilidade de Deus. Para pregar ao povo, em primeiro lugar eu orei a Deus e disse a ele que eu não iria temer, porque ele estava comigo. E adivinha, foi o meu melhor dia de pregação, eu nunca tive um dia tão produtivo naquele território, fui capaz de entrar em duas casas diferentes, o que eu considerei um milagre, porque isso era raro, mesmo quando eu estava junto com uma pessoa branca, era porta na cara atrás de porta na cara. Naquele dia eu recebi uma massagem de Deus: que se nós temos uma relação forte com ele, ele vai cuidar de nós, por isso eu nem fiquei com medo de entrar naquelas duas casas, porque o amor de Deus me cobriu naquele dia, o medo sumiu. A partir daquele dia eu perdi todo o medo e preconceito que tinha em relação aos brancos, entendi o poder do amor, que é a maior força no universo, entendi que o amor pode quebrar qualquer preconceito e racismo.

Até hoje o meu sonho era voltar para aquelas pessoas e perguntar por que eles abriram a porta para mim. Acho que eles não viram uma pessoa negra, provavelmente estavam vendo um anjo, não há explicação para aquele dia em que eu trabalhei sozinho. Isso me lembrou a grandeza de Mandela, mas o que Mandela fez de tão especial? Ele se revestiu de amor e perdão e depois de 27 anos de prisão injusta, com o poder em suas mãos ele decidiu amar em vez de odiar. Então não foram os 27 anos de prisão, mas sim o amor que ele demostrou, que estava dentro dele, essa é a receita dada por Deus para acabar com o racismo ou qualquer tipo de ódio no mundo, amai os seus inimigos (Mateus 5:43-46). O outro exemplo foi dado por Gandhi que libertou a índia da colônia britânica sem disparar um tiro, apenas com a vibração do amor.

Quando meu amor estava transbordando, percebi que os brancos me viam de maneira diferente e se sentiam tão confortáveis comigo a ponto de falar mal de outros negros em minha frente. Um dia eu disse para pararem de falar mal dos negros, porque aquilo também se referia a mim, porque eu sou negro. Eles olharam para mim e disseram "Mas você é diferente, você não é como eles". Naquele dia eu percebi a mensagem, o diferente era a vibração.

Nesse período sobre a nova vibração, fui capaz de conseguir um emprego na Pick'n pay matriz, tornando-me o único negro refugiado no escritório e sem ensino superior, o que era necessária para o cargo. Para mim isso foi outro milagre. Agora me explique, o que tornou isso possível, se eu não conseguia sequer ter um emprego? Sorte? Não! Vibração positiva! Quando você vibra o amor, ele envia a mensagem para o mundo de que você está desarmado, assim as pessoas vão se sentir confortáveis em estar com você. Infelizmente as pessoas costumavam dizer que eu tive sorte de obter tal emprego. No entanto, nossos resultados vêm de nossa vibração e nós vibramos nossos pensamentos, quando pensamos positivamente, teremos um resultado positivo. Quando pensamos em todos os negros ao redor do mundo que são prósperos e andam por aí com brancos, sem ressentimento do passado, vemos que isso faz toda a diferença. Quando cobrimos nossas diferenças com amor e perdão, teremos o apoio total de Deus e ninguém nunca vai nos colocar para baixo.

Deus é amor, e com amor podemos cobrir todas as nossas diferenças e isso é exatamente o que alguns brancos acabaram de fazer após a independência no meu país. . A maioria dos portugueses voltaram para Portugal, mas aqueles que não se achavam superiores permaneceram no país até hoje e ninguém os tocou. Como você explica isso? Sim, é a parte espiritual, a qual não podemos ver com os olhos físicos. Provavelmente, alguns que fugiram de volta para Portugal disseram que aqueles que permaneceram intocados tiveram sorte, porque a sorte é a palavra mais fácil para explicar o sucesso.

Outro exemplo similar vi na África do Sul, quando Mandela se tornou presidente. Muitos brancos que respiravam o *apartheid* não permaneceram no país, embora o perdão tenha sido dado, o medo era tão grande que eles tiveram que fugir do país voluntariamente. Meu ex-patrão, senhor Raymond Ackerman, nos contou em um *one on one*[10] que foi convidado por seus amigos para fugir do país, mas ele era um daqueles que não tinham nada a temer, então permaneceu no país e foi abençoado com um negócio bem-sucedido, a Pick'n pay, uma das grandes empresas sul-africanas. Agora não podemos negar a parte espiritual do nosso mundo, energia e vibração são como a gravidade, existem precisamos respeitá-las e aceitá-las. Muitas vezes eu encontrei pregador branco no khayelytsha, a maior comunidade negra da Cidade do Cabo, sem ninguém entender que força o fazia estar lá sem ninguém o tocar, local que os brancos consideravam como extremamente perigoso. Esse é o milagre da fé e isso é verdade, porque durante a prisão de Mandela poderiam ter matado ele, mas sua fé e vibração amorosa acabou quebrando o ódio de seus opositores, e isso é exatamente o que Jesus Cristo nos ensinou: a amar o seu inimigo e fazer o bem para aqueles que lhe perseguem. Isso está além da compreensão humana, mas aqueles que experimentaram são uma prova viva disso. Mas também houve aqueles que mostraram amor e foram mortos do mesmo jeito, não é verdade? E agora, será que a morte realmente é o fim? A Bíblia fala sobre Daniel, que fechou a boca dos leões, e também fala sobre Estevão, que foi apedrejado até a morte, e ambos tinham fé. Isso nos faz pensar se a morte é realmente o fim. E por que as pessoas que vibram alto não têm medo da morte? Será que a morte é o que a gente acredita ser? Deus diz que para ele todos os mortos vivem, somos alunos neste planeta e estamos em um processo de expansão de nossa consciência, então precisamos remover as crenças limitantes e traumas emocionais se realmente quisermos expandir.

Agora, deixe-me compartilhar minha experiência sobre como consegui o emprego na Pick'n pay matriz, sem a requerida educação superior. Depois de pregar na comunidade branca por alguns anos, eu ainda era um empacotador de prateleiras em uma loja da Pick'n pay, esse era um trabalho casual, como eles costumavam chamar na época, apenas para os finais de semana. Eu tinha esse problema, não conseguia emprego fixo. Um dia vi um anúncio, na loja, de uma vaga na matriz, de auxiliar contábil, para graduados ou aqueles que estavam próximos da graduação. Eu havia trancado a faculdade para investir na espiritualidade, não me encaixava na descrição, mas me cadastrei do mesmo jeito e fui chamado

[10] Título da comunicação interna na empresa.

para a entrevista. Lembro-me de estar sentado na recepção e dizendo a mim mesmo que eu estava louco de estar ali para a entrevista, a matriz estava em um novo edifício, em Kenilworth, muito bonito. Eu estava pensando em termos humanos e eu sabia que, para mim, era impossível conseguir aquela vaga. Fiquei olhando em volta se tinha algum negro, lá tinha, mas eu não havia visto nenhum, aquilo piorou ainda mais os meus pensamentos humanos de que eu estava perdendo meu tempo. Finalmente fui chamado para a entrevista e fui para a sala, o entrevistador não estava tão impressionado comigo, mas seguiu o protocolo. Havia um teste em que eu precisava apenas responder as perguntas e ele enfatizou que se eu não soubesse a resposta, apenas deveria deixar em branco, ele tinha certeza que eu não saberia as respostas. Eu completei tudo e entreguei a ele, que me explicou que o primeiro nível de entrevistas estava sendo feito com funcionário interno, depois eles iriam para terceirizados e, se não acharem candidato ideal, anunciariam a vaga para o público em geral. Saí da sala, na minha mente humana eu não tinha nenhuma chance, por eu ser negro e refugiado, num país que ainda não havia sarado as suas feridas raciais. Sendo negro e refugiado realmente você se sente apenas um número.

Mas adivinha o que aconteceu, depois de um mês eles estavam me chamando para levar os documentos e começar no dia dois de janeiro de 2008, eu estava muito feliz, mas parecia um sonho, não consegui compartilhar a notícia com ninguém antes de começar, eu queria ter certeza de que era verdade. Meu gerente da loja disse que foi entrevistado pelo pessoal da matriz, perguntaram-lhe sobre o meu comportamento na loja e o gerente não tinha nada a reclamar de mim, eu era o cara que ia além, quando necessário, o feedback foi positivo. Assim, no dia dois de janeiro de 2008 dei início às atividades na matriz. Quando comecei o trabalho, percebi que o salto que eu havia dado valeu a pena, hoje eu chamaria de salto quântico, a sede é composta de quatro prédios, eu fui o primeiro refugiado negro a trabalhar lá. Agora, o que você pensa que as pessoas diriam para mim? Isso mesmo, que eu era sortudo. Ninguém sabia de todo o trabalho que precisou ser feito antes de conquistar essa "sorte", e para mim não havia dúvida de que minha limpeza espiritual me proporcionou um coração puro. Entendi que as pessoas brancas passaram a me ver no mesmo nível, eu não sou mais uma ameaça para eles, de fato, o amor funciona eu tirei todo o preconceito e coisas ruins que eu costumava pensar sobre eles. Agora eu sei que somos todos irmãos nesta corrida chamada vida, e ninguém é pior ou melhor do que ninguém, os nossos pensamentos vibram e a nossa vibração fala mais alto do que as nossas palavras.

É triste hoje ver alguns países nos quais as pessoas acreditam em Deus, mas ainda estão matando umas às outras, as vezes até por causa de vestimenta a pessoa morre isso é uma verdadeira prova de que a humanidade não sabe o poder do amor, eu me sinto privilegiado de experienciar o amor na minha vida pessoal. E não acabou aí, eu acabei me casando com uma mulher brasileira de família branca na África do Sul e decidimos nos mudar para o Brasil, o que ela achou uma má ideia. Segundo ela ainda há muito racismo no Brasil, mas eu não estava nem um pouco preocupado em mudar para um país diferente, eu não tinha medo de enfrentar a família dela, que é branca, porque eu sabia que estava revestido de amor, que conquista todas as coisas. Se alguém não gostar de mim por causa da minha cor de pele, eu sei que essa pessoa não é uma pessoa ruim, só precisa de ajuda, pois ela acha que o problema é com os outros, mas na verdade é com ela. Quando cheguei ao Brasil, a mesma pergunta que muitas pessoas me fizeram foi: você já foi discriminado ou sofreu racismo? Minha resposta sempre foi não, e a razão dessa resposta é porque eu desinstalei o racismo em mim. A África do Sul foi uma escola racial para mim, e se você vencer o racismo lá, você pode viver em qualquer parte do mundo, torna-se impossível sofrer o racismo, e o exemplo que eu dou para isso é semelhante a um computador, se você recebe um documento de um programa que não está instalado em seu computador, você não será capaz de abri-lo e, geralmente, você recebe a massagem "o arquivo que você está tentando abrir está corrompido ou não é compatível", seu computador não pode identificar o documento, porque você não tem o programa em que ele foi criado. A maioria das coisas funcionam assim, o princípio da dualidade, masculino e feminino, para produzir um resultado. Por exemplo, para voar com avião você precisa de dois aeroportos, um para partida e o outro para chegada, caso contrário, se não houver um aeroporto na cidade de destino você não consegue aterrissar, e este é um princípio básico das coisas, se você tem um telefone, por exemplo, e quer entrar em contato com alguém, a outra pessoa precisa ter um telefone também, caso contrário a comunicação se torna impossível. O mesmo com uma TV, deve ter a estação de TV e precisamos do receptor de TV, antes de abrir um negócio você deve saber se há pessoas interessadas em comprar seu produto ou serviços. Em todos esses exemplos vimos um transmissor e o receptor, a dualidade, e se você tem apenas um não vai funcionar. Com o racismo é exatamente da mesma maneira, deve-se ter as pessoas que acreditam na superioridade e as pessoas que acreditam na inferioridade, para combinar. Havendo apenas um grupo, não vai funcionar, seria como ter um celular e querer se comunicar com alguém sem celular, é inútil. Por isso, se pudéssemos apenas ensinar e provar a um grupo de pessoas que todos nós somos iguais, esse grupo poderia ser os que acreditam em superioridade ou os outros que acreditam na inferioridade, chegaríamos ao fim do racismo, porque sem transmissor você não pode receber e sem receptor você não pode transmitir vice-versa.

Tive o privilégio de entender por que na minha tribo dizem que os brancos são deuses e a história mostra que sempre que a humanidade se encontra com outro ser humano com mais conhecimento é natural pensar assim, porque é algo que você nunca viu antes. Essa foi a reação de nossos antepassados quando viram os brancos pela primeira vez, porque eles tinham mais conhecimento tecnológico. Quando eles chegaram na África já tinham a capacidade de construir navios e armas, já tinham espelhos, que na minha região na África eram vistos como milagres, na época. Então aquele impacto emocional dos nossos antepassados fez eles dizerem que o branco era deus, mas agora devemos mudar essa visão, somos todos iguais. Isso me lembrou de João, o último apóstolo de Jesus, quando ele estava na ilha de Patmos, quando teve uma visão em que Deus enviou um anjo para falar com ele. João queria adorar o anjo e joelhou-se perante ele, mas o anjo, por ser humilde, disse para João não fazer aquilo, porque ele não era Deus, estava ali apenas para transmitir uma mensagem, que é a que lemos no livro do Apocalipse (Apocalipse 19:10), e hoje, embora as religiões ensinam que todos nós somos filhos de Deus, muitas pessoas no mundo têm dificuldades em acreditar que somos todos um só povo, uns pensam que existem pessoas mais privilegiadas que outras, eles não sabem que a programação da mente é o que faz a diferença.

Criei minhas próprias regras, agora, se alguém me maltrata por causa da minha cor de pele, eu sei que o problema não é comigo, o problema é com a pessoa, e essa regra me fez poderoso. Na África do Sul, por exemplo, eu costumava ver alguns dos meus amigos que voltavam para casa estressados devido à injustiça que sofreram. Eu não iria levar essa energia ruim comigo, porque eu sei que não é meu problema, e com essa atitude eu vi minha autoestima lá em cima. No Brasil fico muito feliz quando me chamam de neguinho metido, para mim não é racismo, percebi que é o nome dado a todo negro que conhece o seu lugar no planeta, você nunca será chamado de metido se for uma vítima.

Um dia fui a uma loja e o vendedor foi grosseiro comigo, ele teve o poder de maltratar o cliente porque ele era o dono da loja. Eu não reagi, mas um cliente que viu o incidente se sentiu desconfortável e me perguntou se eu não falaria algo no mesmo nível, para me defender, eu disse que não, não tenho defesa nesse estilo de palavras, porque cada um fala do jeito que é, ele falou do jeito que ele é, e eu tenho que falar do jeito que eu sou, caso contrário, eu estaria entrando na frequência dele, que e é uma vibração e frequência muito baixa, e eu não permitiria que isso acontecesse, eu simplesmente me retirei do local. Isso é o que provérbios 26:4 diz, "não responder ao tolo de acordo com sua tolice para que você não se torne igual a ele", mas para isso a pessoa precisa ser bem resolvida consigo mesma e não depender da opinião de outras pessoas, e isso é estar em uma frequência alta.

Desde criança eu costumava ouvir que o conhecimento é poder, se o conhecimento já é chamado de poder, imagina a inteligência emocional, mas eu não sabia como aplicá-lo. Aqui está um exemplo que meu pai me disse uma vez. Aconteceu antes da independência do país, um menino negro estava namorando a filha de um homem branco e este encontrou o menino em sua casa à noite, então levou o menino para o pai dele e perguntou se o menino era seu filho, o pai respondeu que sim, que era seu filho e perguntou o que havia acontecido. O homem branco respondeu: "Eu vim apenas avisar que o senhor está perdendo seu filho", e o pai respondeu: "Eu ficaria grato se o senhor trouxesse o corpo" e fechou a porta na cara do homem e do menino. Eles se olharam e ninguém entendeu nada. Cerca de cinco minutos depois, o menino estava batendo na porta sozinho, o pai perguntou "O que aconteceu?", e o menino respondeu que apenas foi solto. A reação do pai de não ter medo de perder seu filho fez o homem branco pensar que o pai do menino pudesse ter algumas influências que lhe trariam problemas, porque qualquer reação natural do pai seria de desespero. Eu nunca vi uma reação tão inteligente quanto essa, comparei isso com a resposta de Salomão, quando duas senhoras estavam brigando por uma criança, cada uma dizia que o filho vivo era seu e foram até o rei para resolver o problema. Salomão então fez o "teste de DNA" apenas com conhecimento, não usou aparelho nenhum, ele perguntou "O que posso fazer? Corte a criança ao meio e dê a cada mulher uma metade", uma senhora concordou, já a outra disse "Não, por favor, dê a ela o menino". Com esse teste, o rei disse para dar o bebê para a mulher que o queria vivo, pois apenas uma mãe teria aquela reação, a decisão de Salomão se tornou conhecida por todas as nações ao seu redor, incluindo nós atualmente. É assim que podemos aplicar conhecimento no dia a dia, é pensar em obter bons resultados. As decisões do pai do menino e de Salomão foram testes emocionais, mas o resultado foi positivo em ambos os casos, devemos conhecer a emoção e a razão, e com o racismo não é diferente, pois ele é um problema emocional, controlando as emoções você controla o racismo. É necessário também ter controle do seu sistema de crenças, se você acredita que algumas pessoas são melhores do que outras, isso significa que você não está alinhado com o propósito de Deus, mas quando você aprende a verdade sobre os humanos na Terra, sente pena da ignorância das pessoas, como Jesus sentiu em relação aos que o estavam matando, ele sentiu tanta pena ao ponto de orar, pedindo a Deus para perdoá-los, porque eles não sabiam o que estavam fazendo, o que é uma clara demonstração de amor no mais alto nível, praticar o amor é a melhor maneira de elevar a sua vibração.

7.

ENERGIA, FREQUÊNCIAS E VIBRAÇÃO – BASE CIENTÍFICA

Se quiser encontrar os segredos do universo, pense em termos de energia, frequência e vibração, disse Nikola Tesla.

(fractalscience.org, 2020)

Toda matéria possui uma massa, e toda massa é composta de energia. Essa lei da física é explicada pelo conceito da "equivalência massa-energia", primeiramente enunciado em 1717, por Isaac Newton, porém sua fórmula matemática exata foi deduzida por Henri Poincaré e Albert Einstein, por meio da famosa equação "$E=mc^2$".

$E=mc^2$" onde E = energia, M = a massa e C = a velocidade da luz elevado ao quadrado. Sendo assim, a matéria é composta de energia vibracional e nós somos matéria, o que significa que vibramos e a Física Quântica foi além, provando que o átomo que compõe a matéria é composto de prótons com carga de energia positiva, nêutrons, partículas neutras e elétrons com carga de energia negativa. Então a matéria é composta de energia condensada, tudo é energia e tem vibração.

A lei da vibração é uma das sete leis herméticas e diz que nada está parado, tudo se move, tudo vibra e isso foi confirmado pela cimática, que é o estudo das ondas criado por Hans Jenny, cientista suíço que realizou importantes pesquisas sobre o assunto e as publicou em seu livro *Kymatik*. No entanto, Jenny não foi o primeiro, a história mostra que Galileu, da Vince e Robert Hook também fizeram pesquisas e descobertas sobre vibrações.

Graças a esses estudos, hoje ao redor do mundo existem os museus do som, onde podemos não apenas escutar o som, mas também ver a sua frequência vibratória. Eu não sou cientista, então não vou levar isso na base científica, eu sou um menino da África rural, então vamos falar em termos simples, por isso procurei os mais simples exemplos para trazer aqui. Tive o privilégio de morar ao lado de um aeroporto e os aviões passavam bem por cima da nossa casa, quando passavam aqueles grandes aviões, a casa estremecia e a imagem da televisão, na época analógica, tremia todinha com o barulho do avião. Agora a pergunta é, se o avião passou lá em cima, por que a gente sente os efeitos aqui embaixo? São as ondas sonoras, elas saem de lá de cima e vêm vibrando para baixo, causando toda aquela confusão. Existem vários relatos de vidros quebrarem por causa das ondas sonoras, e isso é apenas um exemplo.

Não muito tempo atrás foi manchete em jornais e canais de TV sobre médicos da universidade da Califórnia, nos Estados Unidos, que tiveram sucesso ao se comunicar com paciente com paralisia cerebral por meio de ondas cerebrais. Existem experimentos em andamento nos quais cientistas tentam traduzir os sinais elétricos do cérebro em palavras e frases completas. Provavelmente, quando nós formos mais inteligentes, vamos poder ler energias e a vibração será um meio de comunicação, ou seja, romperemos todos os preconceitos com a telepatia

Existem várias terapias feitas por meio de energia, nas quais o terapeuta não precisa sequer tocar o paciente, apenas usa energias. Entre todas essas, a que mais me encantou foi a terapia da observação, o terapeuta apenas olha para o paciente e as ondas dos olhos curam o paciente, pode até ser feito para grupo de pessoas. Isso mesmo, os nossos olhos também emitem ondas, já falava minha mãe na época em que brincávamos de esconde-esconde: "Quando for se esconder de alguém, não olha para a pessoa, senão ela descobre onde você está", e é por causa das ondas vibratórias que os olhos emitem e olha que minha mãe não é cientista, mas sabe disso. Houve vários experimentos ao redor do mundo, em que se coloca uma pessoa de costas e outro grupo de pessoas fica olhando, a pessoa que fica de costas consegue pressentir quando as pessoas atrás dela a estavam olhando e quando não estavam, e isso é devido às ondas que emitem os nossos olhos.

Já existe a unidade de medida da vibração, que é o Hertz, com ela é possível medir a vibração de qualquer pessoa e saber em que frequência ela está vibrando.

David Ramom Hawkins, médico psiquiatra e escritor norte-americano, desenvolveu a escala de Hawkins, uma escala que mede o nível da vibração da pessoa. Ele descobriu que a nossa vibração tem uma grande influência nas nossas emoções e conseguiu quantificar a vibração de acordo com as nossas emoções

De acordo com Hawkins, cada pessoa percebe a realidade de acordo com o seu nível de consciência. Com base nesse princípio, as ideias, emoções, ações e vibração energética irão corresponder ao **nível consciencial** de cada um.

7.1. CORRESPONDÊNCIA ENTRE VIBRAÇÃO E EMOÇÃO

Para melhor entendimento, veja a correspondência da Escala de Hawkins, que descreve a vibração, com a emoção

- **700 -1000** - Iluminação - indescritível
- **600** - Paz - felicidade
- **540** - Alegria - serenidade
- **500** - Amor - contemplação
- **400** - Razão (superior) - compreensão
- **350** - Aceitação (resiliência) - perdão
- **310** - Força de vontade - otimismo
- **250** - Neutralidade - lucidez
- **200** - Coragem - determinação
- **175** - Orgulho - desprezo
- **150** - Raiva - ódio (ressentimento)
- **125** - Desejo - cobiça
- **100** - Medo - ansiedade
- **75** - Tristeza - arrependimento
- **50** – Apatia - desesperança
- **30** - Culpa - remorso
- **20** - Vergonha - humilhação

Segundo Hawkins, há possibilidade de alterar um nível baixo de consciência para um mais elevado, mas, para isso, é necessário o uso da vontade direcionada para a elevação interna, tendo como norte a verdade.

Hoje em dia existem várias escalas emocionais, mas a mais detalhada que conheci é a escala de Ágatha, da Ágatha evolução, uma ferramenta espiritual canalizada pelo brasileiro Jackson Engler.

De acordo com a escala de Ágatha, a nossa dimensão é composta de quatro mundos, que são:

1. O mundo do terror.
2. O mundo da ilusão.
3. O mundo da evolução
4. O mundo da expansão.

A seguir, vamos detalhar cada um desses mundos.

7.1.1 Mundo do terror

O Mundo do terror tem como padrão vibracional todas as faixas abaixo de 0 Hertz, o que faz a pessoa desconstruir a própria vida, levando suas ações ao extremo, sem avaliar as consequências. De maneira obstinada, conduz suas ações em direção ao seu foco. Caso esteja com seu foco voltado contra alguém, pode, inconsequentemente, se voltar contra a vida da outra pessoa, mesmo que isso custe a sua própria. Em casos de estar aterrorizada por alguma coisa, pode tomar ações que a levem à morte.

7.1.2. Mundo da ilusão/fantasia/matrix

O Mundo da ilusão tem como padrão vibratório a faixa de 0 até 400 hertz. Essa é a faixa na qual habita os desequilíbrios do EGO e a dominância das crenças e medos. Uma pessoa que vive dentro do mundo da ilusão tem uma tendência a ser orientada pelas suas crenças e padrões impostos pela sociedade. Quanto mais baixa é a vibração, maior é sua orientação para o que é EXTERNO e menor seu controle sobre suas decisões. Nos casos mais baixos, pode parecer que nem mesmo tem livre-arbítrio. Quanto maior a sua vibração dentro deste mundo, maior a sua compreensão sobre sua vida. Os 400 hertz são um marco para qualquer pessoa, pois a partir desse ponto, seu EGO não consegue assumir mais o controle da sua vida e muito menos suas crenças e medos. Para que você possa entender a diferença: uma pessoa abaixo de 100 hertz é reativa e pode agir contra a sua vida, sem nem mesmo compreender, já uma pessoa a 400 hertz buscar compreender a situação e como resolvê-la.

O mundo da ilusão, por sua vez, é dividido em quatro grupos, que são:

1º **PRIMITIVO**, de faixa vibratória de 0-100 hertz.

Na faixa primitiva a pessoa está imersa em todas as emoções que a paralisam e impedem de agir positivamente perante as situações, as únicas ações comuns são de vitimismo e ataques, culpando os outros, já que neste nível a pessoa está voltada para fora de si e, por isso, o mundo fora dela é seu maior problema. Seu foco de atenção está em culpar a sociedade, pessoas e situações, para aliviar suas emoções interiores, é como se a pessoa não suportasse o que está dentro de si e preferisse colocar seu foco de atenção no que está fora. Existe uma falta de esperança nessas pessoas e uma dor muito grande, que faz com que pense que sua vida não vale mais a pena, em muitos casos, pode cometer o suicídio consciente e premeditado. Pode também tirar sua vida de maneira inconsciente, utilizando vícios, hábitos que vão contra sua saúde ou a coloque em situações de risco direto. Infelizmente é difícil identificar características positivas nesse nível devido às ações das pessoas. Uma percepção que devemos ter é que quando vive nessa faixa, a pessoa suporta algo muito denso e até mesmo cruel, muitas demonstram resiliência e persistência nas suas convicções, mesmo em situações de dor.

A 2ª faixa do mundo da ilusão é o **APEGO**, da faixa vibratória de 100-200 hertz.

Na faixa APEGO a pessoa ainda está fechada para vida com um olhar positivo, ela está em ação com motivadores que geram peso e dor, como desejos, raiva, ou para manter seu orgulho diante das situações. Existe movimento em toda a faixa de vibração, o desejo gerando ganância pela próxima conquista, a raiva gerando movimentos muitas vezes impulsivos com grande energia e o orgulho, com movimentos para manter um status. Nesta faixa existe um sofrimento interior movido pelo apego às coisas materiais que pode gerar grandes resultados no mundo material, coisas que infelizmente sempre parecem vazias, fazendo com que a pessoa precise de mais conquistas, mais trabalho, mais dinheiro e mais coisas.

A 3ª faixa do mundo da ilusão é o **MOVIMENTO**, da faixa vibratória de 200-300 hertz

Na faixa MOVIMENTO a pessoa já se apropriou da coragem e reconheceu seu poder pessoal e deseja ter liberdade. Sua vida inicia aqui, prefere dar ouvidos ao pensamento positivo, para seguir adiante, sentindo-se autoconfiante para viver a vida. Nesta faixa, inicia o desapego na vida de uma pessoa, não é apegada ao que os outros dizem dela, não é apegada aos seus medos e crenças, reduzindo em muito os níveis de julgamento. Consegue ter uma visão clara das situações, sendo compreensiva, e busca a melhor saída, porque conseguiu aliviar comportamentos rígidos ou extremistas.

E a 4ª faixa do mundo da ilusão é a **INTENÇÃO**, que é da faixa de 300 - 400 hertz.

Na faixa INTENÇÃO a pessoa pela primeira vez experimenta movimentar sua vida para sua evolução, até os 300 hertz o movimento maior era para fugir da DOR, agora, na intenção, ela inicia uma jornada para sua evolução. Por ter a intenção de evolução, ela ganha DISPOSIÇÃO, o que faz com que ela amplie sua capacidade de aprender, esteja mais disponível. Tem uma capacidade maior de lidar com conflitos internos e seguir adiante, gerando uma percepção de aceitação que eles existem, mas que não definem mais sua vida.

O mundo da ilusão é o chamado matrix, a pessoa que vive na matrix não sabe que vive na matrix, ela percebe que está na matrix quando sua vibração chega a 250 hertz e quando atingir 350 hertz, a pessoal quer sair da matrix e qualquer pessoa que chega a essa vibração entende perfeitamente o que é o racismo e busca sair dele.

7.1.3. Mundo da evolução

É a faixa de vibração dos 400 hertz até os 700 hertz. Nessa faixa habita as descobertas interiores e grandes mudanças de percepção de vida. Aqui, o EGO, MEDOS ou CRENÇAS não dominam mais a pessoa, e ela está livre para se desenvolver. Dentro deste mundo a pessoa muda sua percepção de EXTERNO, com base em vitimismo e dores, para INTERNO, com base em protagonismo e amor. Percebe que sua elevação importa mais do que situações cotidianas e que se ela estiver bem, o mundo à sua volta estará bem. Quem atinge esses níveis mais elevados sente que deve compartilhar com quem não acessou essas informações e sentimentos, e é natural que a pessoa que alcançou se dedique a isso. Quando se alcança esse mundo e a pessoa, eventualmente, baixa sua vibração, ela busca incessantemente voltar para a vibração mais alta, porque o desconforto do MUNDO DA ILUSÃO não é mais uma opção. Existe um questionamento sobre hábitos, escolhas e tudo que pode afetar seu bem-estar interior. Chegou o momento de a pessoa desenvolver os aprendizados e virtudes necessários para sua evolução.

O mundo da evolução por sua vez é dividido por três fases que são:

1ª a sabedoria de faixa vibratória de 400 hertz a 500 hertz.

Na faixa SABEDORIA a pessoa chega a um grande marco na sua evolução, nessa faixa ela está no processo de alterar sua percepção de mundo até agora de maneira mental e cognitiva para um SENTIR. Nessa faixa a pessoa começa a escutar seus sentidos e percepções interiores e retira a sua atenção do mundo exterior. Ela entende que ela mesma cria sua realidade e que seus resultados são consequência de suas escolhas. Como existe a alteração do mundo externo para interno e cognitivo para sentir, a pessoa se torna apta à COCRIAÇÃO. Essa faixa, que inicia em 400 hertz, está totalmente voltada para razão e processos mentais. Ao final da faixa, aos 500 hertz, a pessoa está totalmente voltada ao AMOR e ao sentir. Ela começa a compreender como criar a sua realidade de dentro para fora, desenvolve a esperança e tem a fé de que é possível. Uma grande transformação na vida da pessoa ocorre nesta faixa, seria como se ela ganhasse a vida novamente.

A 2ª é o SERVIR, que é na faixa vibratória de 500 hertz a 600 hertz.

Na faixa SERVIR a pessoa se volta para sua contribuição com o todo. Aos 500 hertz ela alcança o que faltava para isso, que é o AMOR, essa sensação de se amar e se sentir amada cria internamente a necessidade de compartilhar isso com o mundo. Então a pessoa se entrega ao servir, compartilhando incondicionalmente, o que interessa é o ganha-ganha para todos, ela sente que ganhou e quer que os outros ganhem também. Existe um desejo de elevar e fazer os outros se sentirem melhor, é um estado tão elevado que a pessoa tem sensações de como se ela estivesse iluminada por Deus. Esse navegar do servir vai desde a ENTREGA, passando pelo amor incondicional e compaixão, que faz a pessoa atingir a COMPLETUDE. Esses são os passos para se atingir a PAZ interior.

A 3ª fase da evolução é o fluir da vida, que é da fixa vibratória de 600 hertz a 700 hertz.

Na faixa FLUIR DA VIDA a pessoa chega a um estado de PAZ interior, que gera uma felicidade constante. Ao alcançar esse estado de paz é possível acessar o estado de ÁGATHA - FLUIR DA VIDA, isso porque nada mais a incomoda e pode fluir naturalmente por todas as áreas da sua vida.

7.1.4 Mundo da expansão

O mundo da EXPANSÃO inicia em 700 hertz, quando se conecta ao TODO (Deus), está na faixa inicial da ILUMINAÇÃO. Mais níveis vibracionais serão mapeados conforme a humanidade evolui.

Desse momento em diante vamos chamar a pessoa de SER, porque já está desassociada de um corpo físico. O mundo da expansão é vasto e praticamente infinito, chegando a vibrações com muitos milhares de hertz. A ESCALA DE ÁGATHA apoia todas as pessoas a trilharem essa jornada desde o início até iniciar a iluminação dentro do mundo da expansão.

O mundo da expansão é composto pela faixa CONSCIENTE, nessa faixa a pessoa se conecta ao TODO, e a partir desse momento é orientada por ele e seus mentores espirituais. Naturalmente está desassociado do corpo físico (ela ainda tem corpo físico). Assim, não sofre alterações de percepção nem de emoção com dores físicas. Por acabar com a ilusão da matéria, torna-se consciente e tem acesso ao que é real e eterno, descobrindo a atemporalidade e a possibilidade de acessar qualquer informação. Desenvolve estado de presença absoluta, não existem preocupações com o que vai acontecer ou com o que aconteceu, porque entendeu que o tempo é uma condição material e a matéria é ilusão.

A partir dos 700 hertz é a iluminação espiritual e de acordo com Hawkins, **1000** hertz é a consciência de Cristo, ou estado Budhico, e tem relação com a consciência dos grandes **avatares da humanidade**: Jesus, Buda e Krishna.

A boa notícia é que qualquer ser humano pode subir essa escala, e a minha pergunta é, em que mundo você está ou qual é a sua vibração? Essa expansão não se realiza dentro de religiões, ela é individual, porque todas as religiões têm limites, os quais elas impõem para não perderem os fiéis. Então, dentro de uma religião você consegue subir até certo nível, depois você não vai mais para frente e, se quiser ir adiante, o caminho se torna individual, a iluminação espiritual é carreira solo.

E como funciona para quem deseja aplicar as vibrações nos negócios? Saiba que ninguém que vibra abaixo de 400 hertz consegue internacionalizar um negócio, para isso a vibração tem que estar acima dos 400 hertz, ou seja, fora do mundo da ilusão. Nesse ponto você tem um conceito totalmente diferente da maioria, que pensa em negócios somente para lucrar. As pessoas do mundo da evolução pensam em negócios para ajudar as pessoas, melhorar a vida delas de algum jeito, elas fazem parte da solução de algum problema existente, e isso leva ao sucesso e à prosperidade.

7.1.5. Aplicação da escala de Ágatha no racismo

Agora chegou a hora de entendermos como funciona o racismo. Ele opera apenas no mundo da ilusão, no qual as pessoas se sentem inferiores ou superiores às outras, e a inferioridade racial segue a vergonha, a culpa, os medos e a raiva. Se você observar, na escala, tudo de baixa frequência vibracional faz parte do mundo primitivo e do apego, assim como o orgulho (negativo) de ser superior, que faz parte do apego. A tristeza também faz parte tanto da inferioridade quanto da superioridade racial, mas aumentando o autoconhecimento de quem é você, de onde você veio e para onde você vai, como chegou aqui, você eleva a sua vibração para 250 hertz, que é o MOVIMENTO. Embora ainda no mundo da ilusão, essa vibração é de neutralidade, você consegue pensar positivo para seguir adiante, tem a coragem de viver uma vida com o seu poder pessoal, busca liberdade e já soltou o apego às coisas, é flexível e tranquilo para buscar a melhor solução, é uma pessoa fácil de lidar. De acordo com o Ágatha Evolução 2021, a média vibratória do mundo é de

178 hertz, então, quando você alcança o MOVIMENTO, que começa nos 200 hertz com a CORAGEM, você começa a ver a luz no fim do túnel.

Quando você descobrir que estas perguntas têm respostas: "Quem sou eu?", "Da onde vim?", "O que estou fazendo aqui?", "Para onde eu vou depois daqui?", você aumenta sua vibração para a INTENÇÃO, que é a última fase do mundo da ilusão, ou seja, da matrix, que é aceitação e boa vontade, seu movimento interior é voltado para a evolução, ganha disposição para seguir adiante e não é mais parada pelos conflitos internos, é realista e inicia o movimento de criar uma vida mais leve, torna-se responsável pela sua vida, e quando aumentar ainda mais a vibração, chega aos 400 hertz, que é a razão. Nesse momento, adeus ao racismo, você já não consegue jogar uma banana para xingar alguém, e se alguém jogar uma banana para xingar você, você simplesmente come a banana, porque entende a ignorância, você sente dó da pessoa, por ela estar vibrando tão baixo.

Lembro-me de um dia em que eu vi uma publicação nas redes sociais que dizia "ser gay é questão de escolha, agora ser negro é questão de azar", se fosse no tempo em que minha vibração era baixa, eu choraria rios, mas como foi já na minha vibração elevada, senti muita dó pela pessoa que compartilhou e de todos que se animaram com a publicação, estavam todos bem lá embaixo da matrix. A pessoa que compartilha post como esse, vibra no primitivo e precisa encontrar algum estímulo fora dela para ganhar algum ânimo temporário, o mesmo com a pessoa que diz "Graças a Deus eu não sou negro" ou a pessoa que é negra e gostaria de ser branco, ambos vibram no mundo da ilusão, o mundo que eu estava quando era criança, mas quando você ultrapassa os 400 hertz, entende que a cor da pele é apenas uma ilusão.

Nos 400 hertz é a razão, início da sabedoria, e o racismo foi desinstalado com sucesso, você altera a orientação do externo para o interno, muda o padrão de percepção da realidade, desenvolve a percepção de que o melhor está por vir. É possível a cocriarão da sua vida, qualquer raça se sente acolhida ao seu redor, você entendeu que a sua raça é apenas a pintura da sua carcaça e que nada serve.

Até aqui você aprendeu como desinstalar o racismo elevando a sua vibração acima dos 400 hertz. Saiba que a nossa vibração fala mais alto do que as nossas palavras, é o que você vibra que te dá acesso aos outros e não o que você fala. Nós sempre acreditamos que o racismo está com os outros e não com a gente, e é o contrário, e quando você desinstala, a mágica na sua vida começa a acontecer.

Tudo que existe é energia, tem frequência e vibra. Acessando a frequência certa você tem acesso a tudo que faz parte daquela frequência. Quando queremos que certo amigo ouça uma palestra, música ou entrevista pela rádio, passando a frequência da rádio e o horário que vai passar a entrevista, qualquer pessoa que entrar nessa frequência no horário combinado consegue escutar a entrevista, tudo vibra e tem uma frequência, até o tempo tem frequência. Um dia eu me perguntei como consegui fazer amizade com certa pessoa, depois eu descobri que nós estávamos na mesma frequência de espaço-tempo, pegávamos o transporte público sempre no mesmo lugar e horário, foi assim que nos conhecemos na mesma frequência de espaço e tempo. Hoje, quando duas pessoas querem se encontrarem, é isso que fazem, elas marcam uma frequência de espaço-tempo, o espaço, que é o local onde o encontro vai acontecer, e o tempo é o horário em que o encontro vai acontecer. Então o encontro acontece na mesma vibração de espaço-tempo, e se você não quiser encontrar a pessoa, é só não ir ao lugar combinado, quando a pessoa chegar, não encontrará você, porque vocês estão em frequências diferentes, e qualquer pessoa que aparecer na frequência de espaço tempo em que você estiver, encontrará você. O mesmo acontece se você elevar a sua vibração, o racismo não te atinge, porque você estará vibrando em frequência diferente, mas enquanto você continuar vibrando abaixo de 250 hertz, é inevitável, porque você estará sintonizado na frequência racial.

A frequência de tempo é medida por segundos, ou seja, horário, os quais aprendemos a respeitar. Existem pais que dizem para os filhos que a partir de tal frequência (tempo/horário) que eles têm que estar em casa, e o filho só terá problemas se ele passar da frequência (tempo/horário). Certas escolas dizem que a partir de tal frequência de tempo nenhum aluno pode mais entrar na sala de aula, isso significa que a parir de tal hora nenhum aluno pode mais entrar em sala de aula e os alunos sabem que se passarem do horário terão problemas.

A frequência de espaço aqui na nossa dimensão chamamos de endereço, se você quiser ir para algum lugar, precisará saber a frequência de espaço (endereço), os motoristas às vezes advertem os seus amigos a nunca passar em tal frequência de espaço (lugar/endereço) a 120 km/h, porque tem radar escondido e a velocidade máxima é de 80 km/h, para evitar a multa, você tem que dirigir de 80 km/h para baixo, mas se você não consegue dirigir abaixo de 80, procura outra estrada para dirigir.

A nossa cor física também tem uma frequência e o racismo é a guerra sobre qual frequência de cor é a melhor, no momento em que você eleva a sua vibração, você entende que a cor é apenas uma tinta, não influencia em nada, o que influencia é a maneira de pensar. Então você sai da frequência racial, como o motorista que deixa de passar numa frequência de espaço em que não pode dirigir acima de 80km/h, como um aluno que corre para não chegar tarde na escola, porque ele sabe que chegando tarde terá problemas. Assim, aquela sombra de dúvidas que você tem sobre a superioridade ou inferioridade de raça faz você permanecer no racismo, porque não é para ter dúvida de que todos somos iguais perante Deus, isso era para ser certeza. Qualquer divergência que existe hoje foi criada pelo homem e qualquer um que eleva sua vibração consegue superar essas divergências criadas pelo homem. Segue alguns nomes de negros que entenderam esse recado e alcançaram grandes patamares na nossa atualidade:

- o menino Negro do Havaí, que escolheu advocacia como profissão e casou-se com uma colega de profissão de Illinois, ambos tornando-se os primeiros negros a ocuparem o cargo presidencial dos Estados Unidos, Barack e Michele Obama;
- a menina de Ogwashi-uku, que fica no sul da Nigeria, após demonstrar suas habilidades como ministra das finanças duas vezes em seu país, tornando-se a primeira mulher Africana no comando da organização mundial do comércio Ngozi Okonjolweala;
- o menino de Paracatu, Minas Gerais, que escolheu advocacia como profissão, tornando-se o primeiro ministro e presidente negro do Supremo Tribuna Federal do Brasil, Joaquim Barbosa;
- a menina de Mississipi, criada pela avó, percebeu que poderia ser do tamanho dos seus sonhos e se tornar uma das mulheres mais influentes do mundo, Oprah Winfrey;
- Edson Arantes do Nascimento, mais conhecido como Pelé, o menino de Minas Gerais, que não permitiu que a inferioridade governasse o seu talento no futebol, assim também como Lewis Hamilton, na fórmula 1, Serena Williams, no tênis;

- o menino de Indiana, nos Estados Unidos, que provou para o mundo que a cor pode ser facilmente manipulada alcançando todos os patamares no mundo do entretenimento, se tornando o rei do pop, Michael Jackson;
- não vou deixar de mencionar o menino negro da Filadélfia que acompanhei a carreira desde *Girls Aren't Nothing But Trouble*; ele desistiu da faculdade para seguir a sua intuição, chegando a alcançar todos os patamares de Hollywood, Will Smith;
- e não posso deixar de fora a menina de Benguela de Angola que acreditou no seu potencial e colocou o seu nome da lista das misses universo, Leila Lopes.

Todos os nomes acima, eram crianças normais como todas as crianças, tinham sonhos e desejos, a única diferença é que eles não permitiram que nada ofuscasse seus sonhos, e quando digo nada, inclui o racismo, e foi assim que conseguiram realizar os seus sonhos.

Existem rios conhecidos por serem muito perigosos e muita gente morre neles, mas nesses mesmos rios existem pessoas que o atravessam em pé, mas como assim? Porque essas pessoas procuram a frequência do rio em que a água é rasa e não tem tanto perigo. Agora, imagina esperar o rio acabar para depois atravessá-lo, é igual às pessoas que dizem que o racismo nunca vai acabar, elas estão certíssimas, o racismo é como um rio, ou você faz uma ponte para ir para o outro lado, ou você procura uma frequência baixa do rio para atravessar, ficar parado esperando o rio acabar não é tão sábio assim.

Uns esperam leis rígidas dos governos para acabar com o racismo, isso não vai acontecer, existem vários países no mundo que já acabaram com o analfabetismo, mas isso teve o esforço individual que contribuiu para essa revolução, podemos fazer o mesmo com o racismo se as pessoas, individualmente, estiverem interessadas em elevarem a sua vibração, o racismo será coisa do passado

Outros estão esperando uma fórmula científica para acabar com o racismo, mas a solução não virá da ciência, pois é um problema espiritual, trata-se de vibração, então é questão de alcançar o amor, é algo pessoal. A ciência nos ensinou que somos matéria e foi isso que nos bloqueou lá atrás, agora precisamos nos reconectar com a nossa fonte original.

Em São Paulo, existem avenidas que são muito congestionadas durante horas de pico, mas motoristas experientes sabem que nem toda avenida fica congestionada, apenas certas frequências ficam, por exemplo, do ponto x ao ponto y, de lá para frente nunca tem congestionamento. As pessoas pensam que já que o início da avenida é congestionado é porque toda ela também é. Então duas pessoas podem ter opiniões diferentes sobre a mesma avenida, mas quando falarem de frequências específicas, saberão que existem pontos sem congestionamento.

Do mesmo jeito, existe muita gente que diz que há muito racismo no mundo e que o racismo nunca vai acabar, agora sabemos em que frequência vibram essas pessoas, é abaixo de 250 hertz, em que o racismo vive, se você quiser ficar fora, deve vibrar acima disso. Um dos cantores e dançarinos mais famosos que o mundo já viu foi um negro e é porque ele elevou a sua vibração e não a mudança de cor que trouxe o seu sucesso.

Imagine um prédio de dez andares inundado até o terceiro andar, qual seria a melhor opção para os moradores do primeiro ao terceiro andar? É lógico, subir as escadas, e logo no quarto andar já estariam seguros, porque a água parou no terceiro andar. Se você prestou atenção, percebeu que todos os exemplos aqui requerem uma ação, em nenhum exemplo você fica olhando e acontece o milagre, você é que tem de criar o milagre, Deus deu esse poder para todos, então a solução e subir a escada vibracional.

Eu não tive obrigação nenhuma de provar para ninguém que tem como sair do racismo, mas é uma obrigação da espiritualidade, uma vez que achamos o caminho, devemos mostrar aos outros, para que saiam do mundo da ilusão, só assim conseguiremos aumentar a vibração do nosso planeta.

Todos os racistas são corvos, e se você quiser acabar com o racismo, precisa ser uma águia, todos sabem a relação entre a águia e corvo. O corvo é a única ave que não tem medo da águia, ele enfrenta a águia sentando-se nas suas costas e bicando o seu pescoço, e qual é o segredo da águia para se livrar desse incômodo? A águia não perde tempo brigando com o corvo, ela apenas eleva a sua altitude, voa mais alto e quanto mais alto, menos o corvo consegue atacar, por falta de experiência em grandes alturas, então o corvo cai. É assim também com o racismo, uma vez que você eleva a sua vibração, você sai do campo energético racial.

O filme Matrix, no meu ponto de vista, é um filme espiritual, porque ajuda a despertar a consciência, mas ele acabou sendo classificado como ficção científica, e a maioria das pessoas só se interessa nos efeitos especiais, quando eles voam, aquela adrenalina pura, quando eles se materializam em outras pessoas, o traje maravilhoso deles, quando o Neo controla as emoções e percebe que as balas não conseguem mais o atingir, a seriedade do agente Smith, só isso que se comenta do filme Matrix, mas a mensagem verdadeira a maioria não questiona.

8.

IDENTIFICANDO FREQUÊNCIAS ENERGÉTICAS VIBRATÓRIAS

Quando falamos de frequência e energia, ainda estamos falando de espiritualidade em diferentes termos, e tenho certeza de que você já ouviu falar sobre essas expressões hoje em dia, especialmente os gurus financeiros. Eles dizem que dinheiro é energia ou frequência, então eu estou usando esses termos para facilitar para a pessoa materialista, que só acredita em coisas tangíveis, entender como funciona a frequência racial, assim você pode entender que tudo é energia, vibra e tem uma frequência, para tudo você só precisa obter a frequência certa.

Deixe-me ilustrar como você sente uma boa ou uma má frequência ou energia, na maioria das vezes essas frequências têm evidências visíveis ou materiais. Um dia eu fui para uma entrevista em uma empresa, quando cheguei, apertei o interfone e eles abriram a porta sem perguntar quem eu era, e eu pensei que talvez não tenham perguntado porque eles estavam esperando por mim. Quando cheguei na recepção, informei que estava ali para uma entrevista, mas o responsável pela entrevista ainda não havia chegado e eu estava no horário marcado. Ao mesmo tempo eu ouvi alguém gritando, como eu não consegui desfaçar o susto, a recepcionista sorriu e disse que era o chefe, que ele era assim mesmo e que não era para se preocupar, depois pedi para ir ao banheiro, e para chegar ao banheiro era preciso passar pela cozinha, então se via os dois banheiros, o masculino de um lado e o feminino do outro. Na cozinha tinha um grande papel escrito "Lave seus pertences, sua mãe não trabalha aqui". Eu pensei "Uau, muito forte", e fui para o banheiro, dentro dele estava escrito "Dê descarga, porque alguém vai usá-lo depois de você", depois que eu terminei, quando abri a porta para sair, eu vi a menina com quem o chefe gritou em lágrimas, indo para o banheiro feminino, e isso foi o suficiente para eu ir para a recepção e pedir à recepcionista para abrir a porta, porque eu precisava ir no carro, e nunca mais voltei para a entrevista, quando eu cheguei em casa, perguntaram-me "Como foi a entrevista?", eu disse que eu não fiz, "Por que não?" perguntaram.

Eu apenas disse que não gostei da empresa, mas na realidade eu não gostei da energia da empresa, era uma frequência muito baixa, não é um lugar feliz para se estar. Tenho certeza de que você já esteve em lugares onde a maneira como lhe trataram fez você sorrir e dizer que o lugar era adorável, isso é a energia que permeia o lugar. As pessoas vão agir de acordo com a energia do lugar, se a energia é boa, as pessoas serão felizes e satisfeitas, e se a energia é ruim, as pessoas vão se sentir muito estressadas e infelizes.

Quando você diz "Hoje não é o meu dia, eu não estou bem" é porque você não prestou atenção quando a energia negativa entrou em você, tudo o que você sabe agora então é que você não está se sentindo bem, se você prestasse atenção aos seus sentidos, você realmente sentiria a energia negativa entrando em você e esse é o ponto em que sua vibração muda. Na África do Sul há um lugar chamado Cabo da Boa Esperança, é o ponto onde o Oceano Índico encontra o Atlântico, e dizem que você pode realmente ver as duas cores de água diferentes, e algumas pessoas dizem que até a temperatura da água é diferente em cada lado, marinheiros confirmaram que a corrente da água também é diferente. A partir desse ponto em diante a diferença desaparece e a água tem a mesma cor, então, se prestarmos atenção aos nossos sentimentos, podemos realmente descobrir em que ponto recebemos a energia errada, ela não vai mudar sua cor, como nos oceanos, mas isso vai mudar o seu humor, e você pode realmente rejeitá-la imediatamente, o mais difícil é quando nossa vibração muda ao longo da noite, a única coisa que podemos lembrar é de que eu estávamos bem na noite passada e acordamos mal, não podemos rastrear em que ponto começou a mudar, mas durante o dia você pode realmente rastreá-la. Às vezes é uma mensagem que você recebe que muda sua vibração, talvez você fica pensando nas contas, porque você não tem dinheiro suficiente para pagar todas, sua frequência também muda por isso, mas, de repente, você recebe um telefonema dizendo que você é o vencedor da competição do supermercado local, como você vai se sentir, automaticamente você vai começar a cantar e dançar, sua vibração sobe lá no alto, e você sabe em que ponto ela mudou? Sim, foi o telefonema. O mesmo acontece com algumas pessoas que acordam felizes e, de repente, um membro da família que mora bem próximo, mas nunca visita, vem vindo. A primeira pergunta que a gente faz é "O que é que aconteceu?", a frequência vai lá embaixo e o motivo da visita dele é que vai determinar a sua frequência daí em diante. Se ele anunciar um óbito, por exemplo, você começa a chorar, mas se ele disser que apenas quis passar para ver como você estava, você até dá risadas, e por causa das dificuldades da vida, muita gente vive com a vibração baixa, conectada só em problemas.

Agora vamos pensar no rádio e na TV, porque o rádio é tão velho que algumas pessoas novas nem sabem mais como funciona, o que acontece quando sintonizamos uma certa frequência e não gostamos da estação que estamos ouvindo? Sintonizamos outra estação de rádio ou encontramos outra frequência, porque todas as frequências estão disponíveis e acontecendo ao mesmo tempo, e com a TV não é diferente, se estamos assistindo algo que não é do nosso interesse, pegamos o controle remoto e mudamos de canal. Agora já sabemos que vibramos nossos pensamentos, mas então como mudamos a frequência racial?

Nós mudamos qualquer frequência com o autoconhecimento, é o nosso controle remoto. Na minha cultura, mães e pais gostam de dizer às crianças para irem à escola para que não se tornem feiticeiros, em outras palavras, eles estão dizendo "Vá para a escola, para mudar sua frequência, porque a frequência padrão que temos é acreditar em feitiçaria". Na minha comunidade, se você for muito bem-sucedido, as pessoas vão acreditar que você fez feitiçaria, e se você for um fracassado, você acredita que alguém fez feitiçaria para o seu fracasso. Então, ao estudar nós mudamos essa frequência e as pessoas ao redor do mundo sabem que é estudando que se muda a frequência da pobreza.

Isso não é diferente com o racismo, só que o que as pessoas não entendem é que tanto o racismo quanto a pobreza são problemas espirituais e não materiais, o racismo não é uma questão de cor, é a sua mentalidade que determina a sua frequência, assim também como a pobreza, não é o que você não tem de recursos material, mas sim o que você não tem de conhecimento, você não sabe quem você é, por isso é que você vê pessoas com ensino superior que continuam na pobreza e com preconceitos.

Eu tenho amigos com mestrado e não conseguem nem um emprego, é o autoconhecimento que muda nossa frequência para uma mais alta, você pode se tornar o que quiser sem mudar sua cor física, apenas mudando a vibração, e eu vi um bom exemplo disso na África do Sul. Eu vi muitas pessoas que adotaram uma vibração racial diferente da cor física, eu conheço pessoas negras na África do Sul que não conseguem emprego disponível para negros porque eles mudaram suas vibrações durante o *apartheid*, e agora não são reconhecidos como negros pela sociedade, apenas não conseguiram reverter o processo, porque eles mudaram inconscientemente.

Não sei onde você mora, mas onde eu moro existem milhares de pessoas desempregadas e, ao mesmo tempo, milhares de vagas são anunciadas diariamente, por que então essas pessoas e vagas não conseguem se encontrar? A qualificação não é o suficiente, você precisa também ter a vibração necessária para o trabalho, caso contrário, mesmo sendo contratado, a empresa acaba demitindo sem motivos válidos, porque diferenças vibracionais não são entendidas no mundo materialista, você pode pensar: "Do nada fui demitido, sem motivo algum fui demitido, e eu era quem mais trabalhava no departamento, nunca passou na minha mente que seria eu a ser desligada". Tudo isso surge por motivos vibracionais. E nas entrevistas funciona assim: "A sua qualificação é ótima, mas você mora muito longe, não vai ser capaz", mas você vê que eles têm funcionários que moram mais distante que você. "Ah, me encantei com a sua qualificação, com o seu currículo, mas o fato de você ter uma criança pequena não vai dar", "Puxa, o seu currículo foi o melhor, mas você é solteira(o), aí fica difícil", ou "Você é casada(o), não dá para você trabalhar à noite, não queremos nenhum casado no turno da noite". As desculpas oriundas de baixa vibração emocional muitas vezes não fazem sentido no mundo material e a pessoa sai chorando de raiva, porque a desculpa não faz o mínimo sentido. É por causa disso que existem várias vagas de emprego disponíveis e várias pessoas procurando essas vagas e não conseguindo se encontrar, o problema não é qualificação, é energético. Já quando você vibra alto, entra em empresas mesmo com a sua qualificação abaixo do requerido, e isso aconteceu comigo em quase todas as empresas em que trabalhei após ter elevado a minha vibração, e a falta de conhecimento leva as pessoas a dizerem que você é sorte, vamos combinar aqui entre autor e leitor, quando você ver alguém que conquistou algo grandioso, nunca diga que é sortudo; diga para a pessoa que você é merecedor, esse é o elogio de pessoas inteligentes.

Deixe-me dar outros exemplos de frequência. No Brasil eu tenho um amigo muito namorador, em todos os lugares que a gente ia ele tinha sempre uma garota interessada nele e, na maioria das vezes, sem ele abrir a boca, e todo mundo não conseguia entender o motivo por que ele atraía tantas garotas. Eu já estava completando minha pesquisa em frequências e sabia que era a frequência que ele vibrava o tempo todo. Lembro-me que para pessoas como ele, na minha cultura, em nossa ignorância, costumávamos dizer que usava feitiço para atrair mulheres. Hoje eu sei que é possível apenas sintonizando a frequência vibracional correta.

Outro exemplo é de um outro amigo de Angola, que conheci na Namíbia, vou chamá-lo de Charles. Ele costumava dizer que era azarado desde a infância, e dizia que um dia nós iriamos entender. Um dia tínhamos uma viajem marcada a um retiro acerca de 200 km e queríamos chegar às 06h00 da manhã no local, então decidimos começar nossa jornada cerca de 04h00 da manhã, para chegar às 06h00. Então acordamos por volta de 01h00 da manhã, para preparar tudo, e às 04h00 fomos encher o tanque no posto de combustível e o motorista decidiu apenas guardar o recibo e partimos para o nosso destino. Quando chegamos ao local às 06h00 da manhã decidimos ir ao mercado local para tomar nosso café da manhã, e durante o café da manhã decidimos dar uma volta pelo mercado só para conhecer o lugar. Durante o passeio, uma mulher veio com a polícia local acusando Charles de ser o homem que disparou arma de fogo na noite anterior. Charles foi levado para a delegacia, todos nós tivemos que ir para a delegacia explicando que era impossível ele disparar uma arma no dia anterior, porque todos nós chegamos juntos naquela manhã o nosso motorista ainda tinha o recibo do posto de gasolina no bolso, só para provar que às 04h00 não estávamos na cidade ainda. Chamamos o proprietário do albergue onde estávamos acomodados e ele estava disposto a ir e compartilhar as imagens das câmeras, para provar o horário que chegamos. Esse dono do albergue era bem conhecido e respeitado na cidade e a polícia decidiu liberar Charles. Quando tudo se resolveu, Charles perguntou se lembrávamos que ele havia dito que era azarado, então começou contando para a gente que inúmeras vezes em que coisas semelhantes aconteceram com ele, incluindo em sua própria família, ele sempre era acusado de coisas que ele não fez, e que já havia sido revistado em lojas muitas vezes. Na época eu não sabia nada sobre frequência, então eu tive que concordar com Charles de que ele era azarado, e é claro que isso é um padrão na vida dele, existe algo que o coloca nessa vibração, a maneira que ele pensa ou, provavelmente, ele esteja com um trauma de um incidente anterior. Ele precisa acordar e mudar essa vibração e não a anunciar como azar, como ele faz, porque a vibração vem dos nossos pensamentos.

Existia um senhor na minha congregação, na África do Sul, que sempre batiam no carro dele, ele arrumava e batiam, arrumava e batiam, vou chamar ele de tio Chris. Um dia tio Chris decidiu ficar com o carro amassado mesmo e disse que não iria arrumar mais, e dirigia o carro assim, amassado. Os irmãos da congregação começaram a colocar pressão nele, diziam que o carro dele não era exemplo para um cristão e se ele quisesse mais privilégios na congregação, precisava arrumar o carro, porque os líderes têm que ser exemplo para os outros irmãos. Como o progresso espiritual era coisa do interesse de tio Chris, ele então resolveu arrumar o carro e no dia em que ele arrumou, saindo do funileiro, bateram na traseira do carro dele de novo, e isso depois de quase dois anos dirigindo o carro amassado. Isso não foi coincidência, o problema estava no campo vibracional dele, isso é um problema que se origina dos pensamentos ou traumas, que precisam ser tratados.

Tive um vizinho, que vou chamar ele de Chindovava, que reclamava de tudo. Então Chindovava ficou desempregado e piorou, ele dizia que não tinha nada na vida, a única coisa que ele tinha era a caminhonete dele, e repetia isso sempre que reclamava. Um dia, em uma madrugada, escutei Chindovava saindo com a caminhonete, achei estranho ele sair naquele horário, mas o que me preocupou foi o jeito como Chindovava arrancou a caminhonete. Eu imaginei que talvez ele estivesse indo levar a esposa no hospital ou alguma outra emergência, mas acabei adormecendo novamente. Quando acordei, fiquei sabendo que não foi Chindovava saindo com a caminhonete de madrugada, ela havia sido furtada, foram ladrões que levaram a caminhonete de Chindovava, por isso aceleraram de uma maneira brusca, para garantir a fuga. Quando ele clamava que a única coisa que ele tinha era a caminhonete, o universo entendia que ele estava incompleto com a caminhonete, Chindovava precisava perder a caminhonete para ficar completo nas suas reclamações, por isso é importante controlar os pensamentos e palavras, porque eles criam o campo vibracional pessoal que determina os seus resultados.

Quantas pessoas param de pagar o seguro do veículo e o carro é furtado? Várias, e o motivo é único, geralmente, quando elas param de pagar o seguro é por motivos financeiros, então elas não param de pensar no que pode acontecer com o carro, já que estão sem seguros, assim, acabam criando nas suas mentes a possibilidade do que pode acontecer com o veículo, até que um dia isso se manifesta, dependendo do potencial de cada um de cocriar.

Agora vamos aplicar esses exemplos ao racismo. Quando você mantém um trauma emocional sobre outras raças, sua mente atrairá exatamente as mesmas coisas que você pensa sobre essas raças, e você verá o problema se multiplicando, para provar que você está certo no que você pensa. A lei da atração prova essa teoria e é por isso que as pessoas dizem: o que você acredita é a verdade, é a verdade para você, e será atraído pelas coisas que você acredita.

Para explicar isso em termos de frequência, digamos que você está sintonizado em uma determinada estação de rádio e então algo acontece, o botão de sintonia quebra, e você não pode sair daquela emissora, tem que continuar escutando a mesma emissora, porque o botão está quebrado. Vamos dizer que é um rádio velho, que não opera no controle remoto, e isso é exatamente o que acontece quando temos um trauma, ficamos na mesma estação ou emissora, por assim dizer, e perdemos as outras emissoras, elas deixam de existir para nós. Falo por experiência própria, eu tive um trauma por muitos anos na vida e vivi a mesma experiência sete dias por semana, e minha vida não saia do lugar. Quando isso acontece, não importa o quanto você se esforce, é como aquelas bicicletas da academia que não saem do lugar, não importa o quanto você pedale, até que você substitua esse botão, e agora você pode sintonizar outras estações e ver a beleza do mundo novamente.

O mesmo funciona com a TV, porque para mudarmos o canal de TV precisamos de acesso ao botão ou a um controle remoto, caso contrário, não podemos trocar canais. O racismo é exatamente assim, quando temos um trauma, não podemos ver a beleza do mundo, em todos os lugares que vamos encontraremos alguém para provar que estamos certos em nosso modo de pensar e não entendemos que estamos sintonizados numa frequência errada. Na maioria das vezes, o trauma não é nosso, mas das pessoas que nos criaram e nós herdamos por programação mental, e se não quebrarmos essa corrente, nós a carregamos para a próxima geração, e o pior trauma do racismo é a escravidão.

Para eu corrigir os meus traumas, tive que ir atrás dos padrões que aconteciam na minha vida, os meus fracassos eram padronizados e isso foi exatamente o que eu fiz quando eu estava na África do Sul, identificar os padrões que me colocavam na frequência errada para poder corrigi-los.

9.

ATUALIZAÇÃO MENTAL

Onde eu trabalho, às vezes ficamos bravos com o cara da TI, quando ele anuncia "pessoal, ninguém entra no sistema, ou saem do sistema que vou fazer uma atualização". Às vezes ele tem que repetir a mesma história, que a atualização é muito importante, que ajuda a corrigir aqueles erros que encontramos no sistema. Ele só repete o que a gente já sabe, e essas atualizações são constantes, e isso ajuda o sistema a funcionar com mais eficiência, o que todo mundo já sabe. Até nos nossos celulares às vezes recebemos uma mensagem dizendo "Atualização disponível", e às vezes, na correria, a gente não atualiza, porque os seres humanos gostam de correria para poder dizer "Eu não tenho tempo".

Acha-se bonito não ter tempo, e empurramos com a barriga as coisas necessárias, até que um dia dá um erro, então corremos para fazer a atualização. Aconteceu comigo, eu achava perda de tempo atualizar o celular e uma vez eu estava num grupo desse dos aplicativos e o pessoal mandava uns emojis e eu ficava perguntado para as pessoas "O que é que você mandou aqui, apareceu um xisinhos". Disseram-me que o seu celular não estava atualizado, quando atualizei, todos os xisinhos se transformaram em emoji. A nossa mente funciona exatamente assim, se você quer entender como funciona a mente, entende como funciona os computadores, precisamos de atualização regularmente. Agora vamos nos exemplos.

Um dia estávamos sentados no parque da prefeitura em Woodstock, na Cidade do Cabo, e uma mulher branca atropelou um menino negro de rua. A jovem branca parou o carro e queria levar o menino para o hospital, mas ele, assustado e com medo, fugiu e a menina branca começou a chorar. Se essa menina tivesse ignorado o menino, apenas confirmaria uma coisa que eu já sabia, mas a preocupação dela estava prestes a mudar minha vida, porque em toda a minha vida eu pensei que os brancos não têm sentimentos por pessoas negras, mas se ela está chorando, talvez o que eu aprendi precisava ser atualizado, não era a verdade, porque, primeiro, o menino estava errado em atravessar a estrada fora da faixa, segundo, ele era negro, terceiro, morador de rua, a motorista sul-africana branca poderia ter apenas ignorado ele, ela não teve nenhum dano no carro, mas ela estava em lágrimas pelo fato de ele ter fugido sem dar-lhe uma chance para ajudá-lo.

A partir desse dia eu decidi ir um pouco mais a fundo e estava pronto para substituir a nova verdade, porque a verdade tem muitos fatores em torno dela, e tudo também depende da posição do observador, e eu estava disposto a atualizar o meu sistema de crenças e não apenas depender do que foi programado. Essa atualização ajudou bastante na sintonização de uma nova frequência, e esse é o motivo por que os computadores hoje em dia precisam de atualização constante. Se a gente reconhecesse que também precisa de atualização, evitaríamos muitos problemas, e isso me faz pensar em outro exemplo. Quando cheguei na cidade de São Paulo e precisava ir para alguns lugares, sempre perguntava para uma amiga minha, que me explicava como chegar no lugar, mas ao chegar, não era mais naquele local, já havia mudado. Isso aconteceu várias vezes, até um dia em que eu falei "Não acredito mais nas suas indicações, porque sempre dá errado". Ela vivia na cidade há muitos anos, mas as coisas mudaram e ela não atualizou, então suas indicações sempre estavam erradas, porque era a realidade de dez anos trás. Então, se você pensa que só computadores precisam de atualização, pense de novo.

Conheci uma mulher que trabalhava de segunda à sexta, por isso não tinha tempo para limpar a casa durante esse período, então ela reservou o sábado para limpar a casa e seguia essa rotina durante muitos anos. No ano em que ela ficou desempregada, continuou fazendo a faxina no sábado. É aqui que a atualização é necessária, ela não precisa mais esperar sábado para fazer a faxina, ela pode fazer qualquer outro dia, se ela não atualizar, continuará assim para o resto da vida.

Outro exemplo aconteceu com dois amigos meus nos anos 2000, quando as câmeras fotográficas digitais surgiram. Existia um evento do qual nós participávamos anualmente, então todos tínhamos nossas câmeras para tirar fotos, depois tínhamos que levar os rolos para revelar as fotos, enquanto a gente estava tirando fotos, nós calculávamos quantas fotos já foram tiradas e quantas fotos sobraram. Às vezes, no último dia do evento, talvez só tivessem umas quatro ou cinco fotos disponível, então economizávamos e avaliávamos antes de tirar uma foto, se valia a pena, porque uma vez tirada, não teria como voltar atrás. Um amigo, que vou chamar de Kila, comprou a primeira câmera digital e levou ao evento, acredita que no último dia Kila ainda estava economizando? Eu lembro de ele brigando com o irmão dele por ter tirado umas fotos sem consultá-lo, estava bravo de verdade e o irmão de Kila na maior tranquilidade, disse para ele "Esta é máquina digital, se você não quiser a foto, é só deletar". Eu vi a fúria de Kila esvaziando, caiu a ficha de Kila, agora havia entendido o recado, você percebeu? Kila não havia atualizado a mente ainda e usava a câmera digital do mesmo jeito que usávamos a tradicional, tirava a foto e via que a foto não ficou do jeito que ele queria, então lamentava, ficava triste, mas na verdade era só apagar e tirar outra.

Dois homens jovens andando de mãos dadas na minha cidade natal significa pura amizade, mas quando chegamos na Cidade do Cabo e andávamos de mãos dadas, atraíamos olhares negativos e até piadas indesejadas. Nós não entendíamos os motivos, depois descobrimos que na África do Sul, como no resto do mundo, dois jovens de mãos dadas significam algo totalmente diferente e corríamos perigo de uma agressão gratuita. Automaticamente tivemos que atualizar nosso sistema de crenças e parar de andar de mãos dadas, para não atrair olhares negativos, nós estávamos em outro território, então precisávamos nos adaptar às culturas locais.

Lembro-me do dia em que comprei o meu primeiro carro também na África do Sul, foi num sábado e estava muito feliz. Na segunda-feira eu fui de carro para o trabalho pela primeira vez, contei para os colegas e eles elogiaram, teve um que quis ver o carro e levei ele no estacionamento da empresa, ele viu o carro, sentou-se no banco, pegou no volante e gostou, conversamos bastante sobre carros e assim foi. Começamos o trabalho e quando deu 16h30, que era o horário que saíamos do trabalho, arrumei as minhas coisas e comecei a correr. Na África do Sul tem muito isso, correr para pegar o trem, como o clima lá é frio, também ajuda para esquentar um pouco. Quando eu estava no portão da empesa, em direção à estação, uma menina gritou para mim: "Mentiroso, falou que veio de carro", aí eu parei e lembrei que eu não era mentiroso e graças a ela a fixa caiu, voltei e fui para o estacionamento. Depois eu fiquei imaginando que se ela não falasse nada, talvez eu lembraria na estação ou já dentro do trem, eu não havia atualizado a mente e caí na rotina habitual.

Aniversário – quando alguém fazia aniversário na África do Sul, eu percebi que naquela cultura não se pergunta quantos anos a pessoa fez, mas até entender isso, eu já havia passado muita vergonha e deixado muita gente embaraçada. Depois eu tive que atualizar minha mente com esse novo conhecimento e parei de exigir que as pessoas falassem a idade no meio da multidão.

Também na Cidade do Cabo, tínhamos uma irmã espiritual que havia ido de férias para a Europa durante um mês, quando ela voltou, eu fui saudar ela, quis mostrar para ela que percebi que as férias foram boas. Eu pensei que estava elogiando dizendo que ela havia engordado, mas ela ficou vermelha, sendo uma mulher branca, e também constrangida, eu não entendi o motivo, quando terminamos a conversa, um irmão branco que estava ao lado aproximou-se de mim em privado e explicou-me que na cultura local é errado falar que a pessoa engordou, principalmente para as mulheres, elas encaram isso como algo negativo e não positivo, eu regalei os olhos, pois entendi o motivo de ela ter ficado vermelha. Sendo assim, eu tive que atualizar o meu sistema de crenças, porque na minha tribo era elogio dizer que alguém engordou, mas o jeito que a irmã continuou me tratando mostrou que ela creditou aquela ofensa na diferença cultural, ela não teve mágoa. A Cidade do Cabo é uma cidade bem cosmopolitana, nós tínhamos uma congregação bem multirracial, chegamos a contar mais de sete nacionalidades, e para mim aquilo foi uma universidade cultural, as atualizações eram constantes. Houve época em que a gente se reunia só para falar sobre diferenças culturais e dávamos muitas risadas também. Agora, deixa eu explicar por que na minha tribo, na época, era elogio dizer que alguém engordou. Vivíamos em época de guerra, e a guerra trás sofrimento e fome, então raramente alguém consegue engordar nessas condições, por isso, engordar era sinônimo de vida boa, já em lugares de paz e tranquilidade, as pessoas encaram como relaxamento, então dizer para uma pessoa que ela engordou é como se estivesse dizendo que relaxou, porque nesses lugares a cobrança para emagrecer é grande, já para nós, devido à guerra na época, emagrecer fazia parte da rotina.

O outro exemplo também é meu. Comecei a empreender com 12 anos, mas aos 45 ainda estava quebrado, mas como assim? É porque sempre que eu abria um negócio e estava dando certo, eu não atualizava a mentalidade e, em vez de celebrar cada conquista nova, eu ficava pensando no negócio anterior, o porquê faliu, e se o atual também iria falir em algum momento, assim, acabava me sabotando e perdia tudo, só para começar tudo de novo. E o pior é que quando isso acontecia, eu acreditava que era vítima de feitiçaria, porque foi assim que eu fui programado na minha tribo, e que quando você acredita assim, mais forte se torna a sua crença e as coisas mais bizarras vão acontecer com você, para alimentar a sua crença e provar que você está certo na sua forma de pensar, porque o que a gente acredita é a verdade.

Lembro-me de uma vez que estávamos falando sobre a crueldade do ser humano e falávamos dos tipos de armas existentes, eu mencionei as armas biológicas e um rapazinho, que vou chamar de Raul, que estava no grupo e tinha seus 18 anos na época, disse que não existiam armas biológicas, por que que ele disse isso? Porque, aos dezoito anos, Raul já era adulto, dependendo do país, então se ele nunca havia escutado sobre, significa que não existe, é assim que o ser humano reage ao que é novo, existe um bloqueio de aceitar ideias novas, por isso existe a expressão "Sempre fizemos assim". Depois que Raul pesquisou e viu que existem tais armas, não teve a humildade de reconhecer, porque a objeção dele foi muito dura, então Raul preferiu ficar calado. Comportamento padrão do ser humano, mas pelo menos ele conseguiu atualizar a mente e aceitar que existe coisas sobre as quais não sabemos que existe, todos nós somos blindados para o que não conhecemos.

Perdi um amigo na África do Sul quando eu me casei, porque ele não conseguiu atualizar a mente dele, vou chamá-lo de Vuyo. Ele também é de um país africano e foi convidado para o meu casamento, por ser solteiro, recebeu um convite individual, mas ele queria levar um amigo, ligou para mim e eu expliquei que no casamento tudo é planejado de acordo com o número de convidados, então não podia levar uma pessoa adicional. Vuyo ficou tão magoado que além de não ir para o casamento, deixou de falar comigo, eu entendi, porque dependendo do lugar na África é extremamente deselegante convidar pessoas para o casamento, pois, para essas culturas, o casamento pertence à comunidade e todo mundo tem direito de ir, inclusive participei de um casamento assim no Eastern Cape, na África do Sul.

A casa da noiva tinha uma bandeira e perguntei qual era o motivo da bandeira e explicaram que era o convite para a comunidade sobre a cerimônia. Pensei: "Será que vai ter comida suficiente para todo mundo?" Porque na minha cultura as pessoas vão em casamentos para comer e dançar, se uma dessa coisas não estiver certo, as pessoas reclamam, e adivinha o que aconteceu, foi o casamento em que mais comi. Por ser em área rural, o pessoal doa animais e vários itens para a festa e não falta nada, o casamento é um evento da comunidade. O problema é que uma pessoa dessa comunidade, quando vai para cidade grande e recebe um convite de casamento, se não tiver a mente atualizada, acha extremamente ofensivo a restrição de outras pessoas no casamento.

A atualização deve ser constante na nossa vida, quando mudamos de país precisamos atualizar para nos enquadrar nos costumes locais, quando nos casamos, é preciso atualização, caso contrário, a pessoa ainda continua dando prioridade aos amigos e não ao casamento, tem gente que nem sabe em que lugar fica o cônjuge no círculo familiar. A atualização ajuda a definir as prioridades.

Quando morre alguém na família também precisamos de atualização, há muita coisa que precisa ser redefinida, como as tarefas, quem vai fazer as atividades que a pessoa falecida fazia, as finanças, talvez a pessoa trabalhava e agora já é menos uma fonte de renda para a família, talvez até haja a necessidade de cortar algumas despesas. Também o fato de aceitar a morte, precisamos aceitar que a pessoa se foi, caso contrário, é muito sofrimento para ambos, isso mesmo, ambos, porque o morto precisa seguir seu caminho.

Quando nasce alguém na família, precisa de atualização principalmente do casal, porque a atenção da esposa passa a ser principalmente para o bebê e o homem precisa colaborar para não deixar a esposa sobrecarregada. Tem animal de estimação em casa? Como esse animal vai se sentir, precisam atualizar também o animal para estar por dentro das atualizações.

Quando a guerra termina num país, é preciso atualização, o muito que era investido em armamento passa a ser investido na educação e saúde, o país precisa recuperar o tempo perdido e só a educação é capaz de trazer de volta a dignidade que o povo merece. Os países que têm grande estoque de armamento bélico não é necessário provocar as outas nações para entrar em guerra, esse armamento pode ser desativado e colocado em museus, com as descrições, o motivo da fabricação, de qual país queriam se defender, a capacidade de destruição em km^2... Se as bombas de 1945 causaram aquele estrago imagina as que tem na atualidade, fazendo isso, o país pode arrecadar com o turismo e se o seu país teve o maior paiol, aí se torna o maior museu de armamento bélico, o dinheiro gasto sai como um investimento.

Com o racismo não é diferente, a gente precisa atualizar a nossa mente e entender que hoje em dia a pessoa se torna o que quiser. Isso é fácil? Não, mas não impossível. A vida só é fácil para quem já nasceu em berço de ouro, caso contrário, você tem que abrir o próprio caminho. O maior problema é carregar o passado conosco, a gente sabe que viver no passado causa depressão, e hoje a depressão é vilã, e na maior parte dos casos é por falta de atualização mental. Você não entende a realidade e fica vendo xisinhos na vida, e por não entender os xisinhos, você entra em depressão, mas vale lembrar que os casos de depressão variam, nem todos são iguais.

E do mesmo jeito que existem sistemas que atualizam automaticamente, também algumas mentes são assim, conseguem fazer a atualização automática, infelizmente, para outras são necessário rituais. A atualização é sempre necessária porque nada está parado no universo, está tudo em movimento o tempo todo, alguns conservadores da Física Clássica, por exemplo, não aceitaram essas atualizações, por isso a Física se dividiu, hoje temos duas Físicas, a Quântica, a Física sem preconceitos, mais abrangente, e a Física Clássica, que é a tradicional, com limitações e tabus.

Durante a minha jornada na vida, deparei-me com uma pergunta de pessoas com dificuldades de atualizar a mente, e a pergunta é o que é que aconteceria se todo mundo fugisse da guerra como você? A primeira vez que escutei essa pergunta, ela vinha de um homem mais velho que eu. Senti-me constrangido de dar uma resposta direta e fingi que a pergunta estava errada e a reformulei para ele, dizendo: o senhor está dizendo o que aconteceria se todo mundo rejeitasse de fazer guerra? Ele falou não, essa não foi a minha pergunta, e refez a mesma pergunta, até hoje eu nunca respondi essa pergunta e até hoje esse é o grande problema da humanidade, por isso está difícil evoluir, com um pensamento assim, no avesso, como poderemos avançar? Um mundo com pessoas que conseguem enxergar o copo meio vazio, mas nunca o copo meio cheio, existe o livre arbítrio onde cada um escolhe o seu caminho, desde que seja responsável pelas suas ações. A conversa de Jesus Cristo repreendendo Pedro por pegar uma espada e tentar defender Jesus, está registrado e isso aconteceu há mais de dois mil anos, e até hoje não entendemos nada. Jesus disse que todos que levantarem a espada perecerão da espada, então para mim é bem fácil imaginar que se não existisse voluntários para a guerra não teríamos guerras.

10.

MUDANDO DE FREQUÊNCIA

A nossa frequência pode ser manipulada para alcançar nossos objetivos segundo a necessidade desejada, e sempre que atualizamos a nossa mente, mudamos de frequência.

Deixe-me dar um exemplo. Quando cheguei na África do Sul eu não tinha nenhuma qualificação e não podia nem falar a língua, comecei do fundo do poço, vivendo nas ruas da Cidade do Cabo. Conheci todos os lugares que davam comida grátis, porque não trabalhava, então não tinha dinheiro nem para se alimentar. Agora, que tipo de trabalho você acha que uma pessoa sem qualificação e que não fala a língua local vai fazer? Cortar lenha na fazenda em Tokai, foi o meu primeiro emprego lá, e depois quebrar paredes e misturar concreto em construções, essas habilidades não precisam de fluência em nenhuma língua, mas como eu saí dessa frequência? Primeiro eu tive que aprender a língua, sim naqueles lugares que não dão certificado e depois fui para um curso de treinamento de segurança, tornei-me um oficial de segurança e parei de quebrar paredes. Eu não queria ficar na frequência de segurança também, foi quando eu fui para o colégio estudar contabilidade, a profissão que me sustentou por um longo tempo. Acho que agora nós concordamos que mudamos nossa frequência com conhecimento, é exatamente isso, com o racismo não é diferente.

Tenho outro exemplo que aprendi com a vida, havia dois grupos de angolanos na África do Sul, aqueles que eram refugiados e aqueles que estavam lá estudando patrocinados pelos pais. A diferença entre os dois grupos era enorme em termos de poder econômico e alguns sul-africanos não conseguiam realmente entender e quando perguntavam o motivo de tal diferença, os estudantes diziam que o outro grupo era tão pobre porque eram moradores de rua em Angola e enfatizavam que não há guerra em Luanda, que é a capital. A mesma pergunta era feita para os refugiados, a resposta era que tais estudantes eram filhos dos políticos corruptos que estavam roubando dinheiro do país. Aqui você vê duas frequências diferentes, porque aqueles que eram estudantes vêm de uma família com possibilidades, e eles acreditavam que aqueles que eram refugiados estavam envergonhando o país. Por outro lado, aqueles que eram refugiados costumavam dizer que os estudantes eram todos filhos dos políticos corruptos que estavam roubando o dinheiro do país. Essas eram pessoas do mesmo país e a mesma raça, mas duas frequências diferentes. Quando um desses refugiados conseguiu estudar na universidade e se tornou amigo do outro grupo, o que acontece é que o grupo com mais possibilidades descobriu que nem todos os refúgios eram iguais. Ao mesmo tempo, o refugiado muda sua mentalidade, e quando ele vai dizer a seus amigos que nem todos os estudantes são filhos de políticos, muitos deles são filhos de pessoas normais, que trabalham duro e conseguem enviar seus filhos para estudar no exterior, os amigos pensam que lhe foi feito uma lavagem cerebral, porque até ontem ele tinha a mesma opinião e, de repente, ele muda, os outros não acreditam, mas é porque ele mudou sua frequência sozinho e os outros não acreditarão nele. O mesmo acontece com o estudante de possibilidade, quando ele leva o novo colega para sua casa, outros que não o conhecem primeiro vão olhar negativamente, até que eles entendam que ele não é como os outros caras, e isso acontece por causa da mudança de frequência, uma atualização no sistema mental, e isso é exatamente o que acontece com a frequência racial. Eu vi pessoas brancas falando mal de negros bem na minha frente e eles dizem exatamente o mesmo: "Você não é como eles". Na época eu não entendia a diferença, agora eu sei que é a frequência que é diferente, qualquer pessoa com a última versão atualizada do ser humano não discrimina o outro, tem muitos seres humanos ainda na versão 1500. E você, qual a sua versão?

Na minha tribo sempre existiram alguns que mudam a frequência e começam dizendo para a família que nem todos os brancos são maus, mas a família não os entende e muitas vezes dizem que está se enganando, que a pessoa pensa ser o que não é, ou que quer ser branca. E adivinha, essa pessoa acaba se envolvendo com outra de uma raça diferente, porque ela conseguiu romper as barreiras culturais. O mesmo acontece em famílias brancas, existe sempre aquele primo ou prima que desde criança já costumava se misturar com pessoas de cor diferente, e as coisas ficam piores quando eles começam a levar esses amigos para casa e os pais dizem-lhes para não se misturar com qualquer pessoa. Isso é como se fosse combustível no fogo, até que um dia essa pessoa se torna a primeira a se casar com alguém de uma raça diferente, e ele ou ela sente-se muito confortável com a outra família. Quando isso acontece não é a cor, mas sim a frequência vibracional.

Quando vivíamos na igreja abandonada em Woodstock, na África do Sul, conhecemos um homem branco europeu, cuja família considerava que ele tinha problemas mentais. Esse homem com doença mental costumava trabalhar normalmente com seu pai e ir à igreja para levar comida para nós, ele sabia que éramos refugiados e precisávamos de ajuda e fez tudo ao seu alcance para nos ajudar, até levou algumas pessoas para trabalhar no navio de seu pai. Eles tinham barcos de pesca e devo dizer que esse homem ajudou muitos de nós com empregos e comida, e lembre-se de que ele era doente mental. Agora eu quero que você pense comigo, tente adivinhar que tipo de doença mental é essa?

Exatamente, a doença dele era não ter preconceito e associar-se com pessoas negras estrangeiras, e esse é o tratamento padrão para aqueles que não seguem a multidão na família. Lembro-me de ele dizendo um dia que os brancos locais pensam que são superiores a outras pessoas, e ele era branco. Ele estava se referindo à frequência e não à cor, e é por isso que eu digo que racismo é uma frequência e não a cor da pessoa, exatamente o que aquela senhora havia dito para mim, que seu avô disse uma vez "Que se os negros governassem este país, isso iria acontecer", quando eu a lembrei de que eu era negro, ela disse exatamente a mesma coisa, que eu era diferente.

Quase todo mundo conhece alguém ou já ouviu falar de alguém que foi escolhido na rua para começar seu trabalho dos sonhos, de um jogador de futebol brincando na rua, e alguém olha para suas habilidades e decide levá-lo a um clube para fazer um teste, para uma modelo andando na rua e um profissional olha para ela e pergunta se ela não gostaria de ser uma modelo. Fiquei sabendo de um caso de uma mulher que estava em uma longa fila para emprego e um cara andando na rua viu ela e sua frequência falou mais alto, ele perguntou se ela já havia pensado em ser modelo, sua resposta foi "É meu sonho", xeque-mate, a vibração de seu sonho era tão alta que eles a encontraram na rua, e isso não acontece com todo mundo devido a bloqueios emocionais e crenças limitantes, bem como tabus, o que acaba bloqueando nossas vibrações positivas.

Talvez você já tenha se perdido e começa a vibrar muito alto para encontrar o lugar, porque se você não o encontrar, talvez a sua vida possa estar em perigo, e então, a primeira pessoa a quem você perguntar vai dizer que está indo exatamente para o lugar que você está procurando? Para mim aconteceu muitas vezes e houve uma ocasião em que eu pensei que o homem estava fazendo piada, porque ele estava indo exatamente para onde eu queria ir, na outra ocasião, o homem me deu uma carona e me deixou bem na frente da porta de onde eu estava indo, e sabemos que isso seria perigoso em algumas partes do mundo. Então meu conselho é: não pegue carona com um estranho só porque você leu este livro, eu fiz isso em lugares em que sabia que estava seguro. Também me lembro de um dia em que eu estava indo a um evento da empresa e a empresa estava localizada fora de mão e vi uma senhora perguntando algo para um motorista de ônibus, eu fui até ela e eu perguntei se ela estava indo para o evento, ela poderia ter perguntado outra coisa, mas acontece que ela estava realmente procurando o lugar que eu estava indo e eu acabei indo com ela, a senhora tinha certeza, porque eu disse o nome da empresa e o nome do evento. A empresa havia mudado naquele local dentro de três meses, então quase ninguém conhecia e não era uma empresa bem conhecida. Quando chegamos ao local, a senhora, sendo uma cristã, disse que foram anjos que me levaram até ela, caso contrário, ela teria voltado sem participar do evento.

Por muitos anos eu não conseguia entender por que uma pessoa deixaria o companheiro de casamento de muito tempo para ficar com outra pessoa, e na maioria dos casos é a mudança de vibração, e nós sempre culpamos o dinheiro, quando o dinheiro só potencializa as coisas. Da próxima vez que você ver um casal que divorciou por causa do dinheiro como dizem, tente investigar, você vai perceber que o casal já estava vivendo diferentes frequências, o dinheiro apenas potencializou, porque a mudança de vibração é tão forte que causa confusão em casa, é como ouvir duas estações de rádio diferentes ao mesmo tempo, chega a ser insuportável.

Se o casal não tiver dinheiro, eles têm que suportar as diferenças, uma vez que o dinheiro vem, torna-se fácil a separação, então a raiz do problema não é o dinheiro. Eu vi um exemplo de um casal, o homem deixou a escola para ir trabalhar, um ano depois ele comprou um carro e começou a namorar uma menina que ainda estava na escola, quando ela terminou a escola, foi para a faculdade e então eles terminaram o relacionamento, porque eles não estavam mais vibrando na mesma frequência. Esse casal era de raças diferentes, então as pessoas disseram que eram diferenças raciais que causaram a separação, mas na realidade foi a mudança de vibração e esta é exatamente a razão pela qual alguns homens se sentem intimidados quando a mulher começa a cuidar de si mesma, como aprender novas habilidades e ir para a academia etc., que é quando o ciúme do homem aumenta. Ele pode não saber, mas esse ciúme é o medo da mudança da frequência da mulher, e essa é a razão pela qual os conselheiros familiares sempre aconselham os casais a fazerem as coisas juntos, em família, assim eles crescem juntos ou eles caem juntos, porque mantêm a mesma vibração, mas quando eles fazem as coisas separadamente, crescem sozinhos ou caem sozinhos.

Pense sobre os empreendedores, eles precisam de um cônjuge realmente parceiro, caso contrário, não vai funcionar. Tente ler sobre a vida de muitas pessoas bem-sucedidas, às vezes para salvar suas empresas eles fazem algumas coisas engraçadas, se o casal não estiver na mesma frequência o tempo todo, o resultado final, seja bom ou ruim, pode trazer um divórcio. Aquele cônjuge negativo que sempre sabe o que vai dar errado, mas nunca sabe o que vai dar certo, desgasta o relacionamento e os coloca em vibrações diferentes, não adianta colocar a culpa no dinheiro, o dinheiro é inocente.

Minha mãe costumava ter muito orgulho de seu avô e nos dizer que ele era um dos primeiros negros a comprar um carro em sua aldeia, era muito interessante como ela falava do meu bisavô. Eu não estava interessado em saber que carro era ou de quem ele comprou, eu só queria saber como ele conseguiu ser uma das primeiras pessoas negras a comprar um carro em sua aldeia? Porque eu sabia que ele deveria ter feito algo diferente, que os outros não estavam fazendo, é aí que acontece a mudança de frequência. Ela me disse que ele tinha documento de identidade, que era difícil de obter na época, então eu queria saber o que ele fez para ter o documento de identidade, que os outros não tinham. Eu descobri que ele teve o documento de identidade porque aprendeu a ler e escrever. Sim, isso soa muito simples hoje, não é? Naquela época ler e escrever era uma virtude só para os ricos e a maioria deles brancos, eu não sei realmente como ele conseguiu aprender, mas uma vez que ele aprendeu, sua vida mudou, porque ele não precisava de intermediário para vender seu café, ele poderia comprar o jornal e vendê-lo diretamente sem pagar quaisquer taxas de consultoria, aí ele descobriu que, como cidadão, tinha o direito de ter um documento de identidade, e com esse conhecimento ele conseguiu obter o documento de identidade e por isso sua família estava isenta do trabalho obrigatório naqueles dias, como a abertura de estradas e ferrovias. Esse documento era como manumissão, e todo esse benefício foi adquirido com o conhecimento, e foi com esse conhecimento que os africanos conseguiram reivindicar as suas terras.

Ler e escrever mudou a frequência de meu bisavô, e mamãe costumava nos dizer como ele lutou para convencer seus amigos e vizinhos de que era possível aprender a ler e escrever sem ir para a escola. Para eles, era impossível aprender a ler e escrever em casa, então, naqueles dias meu bisavô era como os coachs de hoje em dia, provando para as pessoas que você não precisa ser um gênio para aprender a ler e escrever, todo mundo consegue. Às vezes ele tinha que provar primeiro que ele sabia ler de verdade, e você acha que é fácil fazer isso, em uma comunidade que ninguém sabe ler? Para provar isso, costumava durar o dia inteiro, às vezes semanas, porque eles tinham que ir para a cidade encontrar um amigo ou um português, pegar um jornal, primeiro meu bisavô tinha que ler na frente de seu amigo, então seu amigo ia para o português, o qual lia também, quando viam que a informação correspondia, tinham fé de que era verdade, e assim, um dia de trabalho ou talvez uma semana se foram. Só quando ele comprou o carro que as pessoas acreditaram que ele sabia ler. Igualzinho nos dias de hoje, em que a pessoa precisa ter um monte de dinheiro primeiro para que acreditem no que ela quer ensinar. E aqueles que acreditavam no meu bisavô também poderiam mudar a frequência vibracional, e não é diferente com a frequência racial, tudo no mundo é conhecimento e informação, e esse conhecimento vibra uma certa frequência que pode ser sintonizada.

Quando cheguei ao Brasil, minha ex-mulher encontrou emprego primeiro que eu, e ela pensou que eu não seria capaz de conseguir um emprego na minha área de contabilidade devido ao racismo, então sugeriu que eu procurasse um emprego de segurança, seria mais fácil para mim. Minha frequência estava alta, eu não quis trabalhar de segurança, porque antes de trabalhar com contabilidade eu fui segurança por mais de cinco anos, eu aprendi contabilidade para sair do serviço de segurança, eu não tenho nada contra essa profissão, simplesmente não gostei, porque envolvia trabalhar turnos noturnos e não queria voltar para essa experiência novamente. Depois de dois meses eu encontrei a posição certa que eu estava procurando, em um escritório de contabilidade, as pessoas chamavam de sorte, mas eu sabia que não há sorte, exceto aquela que nós criamos.

E a perguntas é: onde terminam essas frequências? A resposta é: depende de qual conhecimento você está buscando, se você está buscando apenas o conhecimento material, não importa o que você alcançar, tudo termina no caixão, mas se você estiver buscando pelo conhecimento espiritual, essas frequências não têm término, somos eternos aprendizes, mas você alcança o amor genuíno quando está disposto a trocar a sua própria vida em benefício das pessoas, e quando chega nesse estágio, tudo o que você toca se transforma em ouro, por assim dizer. Você se torna cocriador, recebe poder direto de Deus, porque Deus já sabe que esse poder não será usado de modo egoísta, assim você consegue mudar o paradigma inteiro de um país e do mundo, e se torna um ser iluminado.

11.

VACINA EMOCIONAL

Se o racismo fosse uma doença, teríamos uma pandemia e como todos sabemos que pandemias se combate com vacinas, então seria necessário vacinar a população global, mas como é uma doença emocional, para nos proteger dela, devemos tomar a vacina emocional, uma vacina intelectual chamada inteligência emocional, porque é impossível superar o racismo com ignorância.

Na África do Sul, um dia eu entrei em um restaurante com um amigo angolano que era cerca de dez anos mais velho que eu. Sempre tive amigos mais velhos do que eu, porque eu podia aprender com eles. Nesse restaurante todos eram brancos e nós éramos os únicos negros, eu disse a ele que todos estavam olhando para nós, meu amigo perguntou se eu era invisível, eu disse que não, e ele ficou bravo comigo e me disse: "Se ninguém olhasse para nós, da mesma forma você reclamaria que ninguém olhou na nossa cara" (ele me conhecia muito bem), "Agora que todo mundo está olhando para nós, você reclama da mesma maneira? Deixe-os olhar, você veio aqui para roubar alguém?". Ele perguntou, eu disse que não, ele disse "Então está tudo bem, vamos comer nossa comida e depois vamos embora".

A partir daquele dia eu senti que tinha tomado a primeira dose emocional contra o racismo, eu saí daquele restaurante renovado e nunca parei de fazer nada por causa da minha cor de pele, sempre deixei a barreira estar do outro lado da pessoa e não em mim. A partir daí eu podia ver as diferenças em mim antes dessa ocasião e depois, eu mudei minha frequência, por assim dizer, e é assim que as pessoas mudam de frequência, mesmo sem pertencer a uma religião. Antes dessa ocasião eu não sabia administrar certas diferenças, lembro-me de estar andando na calçada e uma senhora branca, que estava vindo em direção oposta a mim, atravessou a rua, antes de nos cruzarmos eu simplesmente disse na minha mente que ela fugiu de mim por eu ser negro, mas ela pode ter milhões de motivos para atravessar a rua, não é da minha conta. Lembro-me de chamar as pessoas de racistas só porque não me cumprimentaram, e isso é simples porque na minha cultura saudação é algo obrigatório, você não pode perguntar nada sem cumprimentar a pessoa primeiro, se você fizer isso, algumas pessoas lhe dirão para ir perguntar ao senhor Bom dia, e quando você ouve isso, você lembra automaticamente que não deu saudações, você pede desculpas e as coisas voltam ao normal. Esse foi um dos meus maiores problemas para conciliar culturas diferentes, eu queria que os outros se comportassem da mesma maneira que eu, e isso é impossível, porque todos são criados de maneira diferente.

Já cheguei em vários lugares onde eu cumprimento e ninguém responde, será que são racistas? Não necessariamente, é que ninguém estava esperando, porque a cultura é diferente, aí as pessoas aproveitam aquele tempo para viajar nos pensamentos, uns concentrados no celular, outros pensando na briga que tiveram com o cônjuge em casa, imaginando como deveria ter respondido aquela pergunta que o outro fez, mas na hora ficou calado(a), outro imaginando que deveria ter xingado quando o cara buzinou no trânsito, e outros como eu no passado, imaginando o que passou na infância. A pessoa diz bom dia e quando as outras pessoas percebem e voltam dos seus pensamentos, já é tarde para responder, aí preferem ficar calados, por isso somos incentivados várias vezes a estar no presente, e ser honesto também ajuda, porque você vai conseguir imaginar as vezes em que você estava nos seus pensamentos e alguém falou com você e você nem percebeu. O diferente é que na minha cultura se você vê alguém vindo, já fica preparado para responder o bom dia, aí se ele não der bom dia, você fica desapontado, uma expectativa frustrada, por isso ao perguntar algo, muitos manifestam a frustração, respondendo para ir perguntar no senhor Bom dia. Demorou para perceber que é questão de cultura e não de raça.

Como quando eu vim para a América do Sul, algumas piadas que ofendem os negros aqui não me ofendiam, porque são expressões que usamos na África, então por que eu me sentirei ofendido só porque vem de uma pessoa branca, se eu não me sinto ofendido quando uma pessoa negra fala? Então, todo esse conhecimento derruba qualquer racismo, é como se fossem doses de vacina para reforço.

Não me entendem mal, algumas questões raciais não são apenas problemas, são traumas, e traumas são mais profundos para serem resolvidos. Por exemplo, você vê um membro da família sendo morto ou estuprado por uma pessoa de uma raça diferente, aqui temos um trauma, aí é que você precisa procurar um profissional qualificado para ajudá-lo a separar o crime da raça. Nesse caso, a maioria das pessoas acreditaria que o crime foi cometido pela raça e não pela pessoa. Outro exemplo é de um psicopata que maltrata uma pessoa e enquanto ele faz isso, ele diz "Odeio a sua raça", pelo resto da vida a pessoa vai ter trauma pelas pessoas daquela raça, mas na verdade o crime foi praticado pelo caráter da pessoa, e não por sua raça. Psicopatas existem em todas as raças, é isso que é difícil de entendermos, mas uma vez entendido, a gente consegue sanar muitos problemas raciais existentes.

Eu tive um trauma que durou mais de 30 anos, e a maioria dos profissionais não sabia como lidar com isso, e o tratamento padrão era de me viciar em medicação, que eu usei por muitos anos. Fiquei muito desconfortável com o fato de ter que carregar comprimidos comigo, além dos efeitos colaterais dele, e eu nunca parei de procurar soluções sobre meus problemas, e adivinha, eu encontrei a solução em uma palestra no YouTube. O conhecimento foi capaz de me tirar do trauma e eu percebi que o trauma era um conhecimento distorcido, porque tudo no mundo é conhecimento e informação, só que quando o conhecimento não bate com a realidade, causa grandes transtornos na nossa mente, e eu tinha esse problema desde a infância, lembra que eu fiz xixi na cama até os 16 anos? Então, mudando meu ponto de vista sobre o assunto, curei-me, e às vezes os traumas ou depressão vêm de uma resistência que a gente tem sobre algo, mas no momento em que você aceita, parece até um milagre, aquilo vai embora. Hoje eu vivo livre de qualquer medicação e tenho uma excelente saúde, consegui sair do trauma e sintonizar a felicidade, então aquele conhecimento no momento exato foi como se fosse uma vacina.

Algumas pessoas têm grandes dificuldades em mudar de canal ou vibração na vida, um exemplo muito bom encontrei no Brasil, onde as pessoas têm canal de TV favorito, que amam tudo o que passa por lá. Agora os brasileiros viveram um período muito tenso na política em 2018, esse canal estava transmitindo coisas negativas sobre certo candidato político, e algumas pessoas que amam o canal e amam o candidato político se sentiram divididas. Algumas pessoas diziam que não assistiam mais o canal e o problema foi resolvido, eles sintonizavam outros canais, porque existem vários canais diferentes, mas outras pessoas não conseguiam fazer isso e faziam o que era pior, interromper transmissões ao vivo da emissora e gritar no microfone que a emissora era um lixo. Se compararmos ambas as ações, você vai concordar que o primeiro grupo de pessoas que mudaram o canal economizaram muita energia e estresse, porque elas não veem mais o que o canal está transmitindo sobre seus candidatos favoritos, já o segundo grupo de pessoas não conseguiam mudar o canal e tiveram de lidar com o lado emocional do problema, que cria outros problemas, inclusive legais. Então quanto mais alto estamos em nossa vibração, mais felizes nos tornamos, como Michel Obama disse uma vez: "Enquanto eles ficam no raso, nós vamos alto", e como fazer isso? Mudando a vibração para a frequência mais elevada.

13.

VOCABULÁRIO E O FIM DO RACISMO

Descobri que é difícil acabar com o racismo no mundo, porque o racismo é como a pobreza, é um estado de espírito, então o que podemos fazer é sair da frequência, do mesmo jeito que muitos já fazem com a pobreza, aprendendo novas habilidades, mudando-se para lugares diferentes e conseguindo melhores empregos. Exatamente o mesmo pode ser feito em relação ao racismo, tudo no mundo é informação ou conhecimento, com ele podemos mudar o mundo. Se o vocabulário não for reformulado, nunca vamos acertar, lembre-se de que somos programados com palavras, então, se ensinarmos uma coisa e esperarmos que eles entendam outra coisa, isso não vai acontecer, por isso precisamos começar a usar o vocabulário adequado.

Na minha comunidade, gostam de dizer que as pessoas brancas não gostam de sofrer, e isso é porque testemunhamos pessoas brancas que estavam em situação ruim e fizeram tudo ao seu alcance para sair dessa situação. Essa mesma expressão faz um negro pensar que ele pode sofrer, porque ele é negro, mas na realidade o sofrimento não é bom para ninguém, todos nós podemos reverter qualquer situação que não seja confortável para nós e evitar expressões como "a vida é assim mesmo", "somos negros, não há nada que possamos fazer". A expressão certa seria "pessoas ricas não gostam de sofrer", agora cabe à pessoa, se ela quer ser rica, vai encontrar uma maneira de mudar sua situação atual.

Há também muitas expressões que minha comunidade usa, como "isso é a coisa dos brancos", a mesma expressão encontrei na África do Sul. Eu me lembro de quando eu era um empacotador de prateleira na Pick'n pay, o gerente convocando uma reunião com a gente porque alguns funcionários estavam furtando na loja, ele disse em africâner: "Parem de pegar as coisas do branco". Depois ele se desculpou, porque tinha uma única menina branca que estava no grupo, o resto eram todos mestiços, e eu o único negro no grupo. Então, eu sempre pensei que essas expressões eram normais, eu aprendi no Brasil que é errado, aqui usa-se a expressão "coisa dos ricos" e não de brancos. Na minha comunidade na África os brancos são sinônimos de pessoas ricas e isso já cria uma crença limitante para as crianças, que começam a acreditar que não podem ser ricas sendo negras. É isso que vimos nas escolas, muitas crianças, quando perguntadas o que queriam ser quando crescessem, diziam que queriam ser brancas, e eu sou uma dessas crianças que queriam ser brancas quando crescer só para poder realizar os sonhos, como negro, todo mundo diz que você não pode, que é impossível, é vida de branco, então o desejo de querer ser branco não é para se livrar da cor, é apenas para obter liberdade e a pessoa não se sentirem presas na caixinha da emoção.

E quando encontramos uma pessoa negra de alto nível na sociedade, costumávamos dizer que ele tinha a vida de pessoas brancas, aprendi aqui no Brasil que não existe vida de brancos, é chamada de vida de pessoas prósperas, foi aí que eu percebi o quanto sabotamos a nós mesmos só com o vocabulário, são exatamente essas pequenas expressões que entram nas mentes das crianças negras e nunca mais saem, fica lá para o resto da vida. Então, quando ela cresce, acha que os brancos têm culpa do fracasso dela, ou então ela sente inveja e ódio por aquilo que os brancos têm e ela não tem, foi o que aconteceu comigo, chegando à vida adulta, a pessoa já está programada a ser pobre para o resto da vida por causa da cor da pele, e se você disser para essa pessoa que você cria a sua própria realidade, ela nem entende o que você está dizendo.

Em 2018, quando fui para Angola, um primo me perguntou quantos filhos eu tinha, na época eu tinha apenas um, e estava com mais de 40 anos, ele disse que eu era o branco da família, porque a cultura sustenta muitas crianças, então, ter apenas um filho para um homem com mais de 40 anos não faz parte da nossa cultura, eles nem fazem ideia de que na América Latina é fácil encontrar famílias com 10 a 12 filhos, então, ter muitos filhos na atualidade é mais coisa de pobre do que de negro, porque quanto mais filhos se tiver, pior fica a situação financeira.

Durante algumas das partidas de futebol da FIFA ao redor do mundo, eu vi várias vezes uma faixa com as palavras "Diga não ao racismo", e isso é absolutamente errado, você não pode dizer não para as coisas que você não quer, e isso foi confirmado por muitos profissionais, especialmente aqueles que trabalham com desenvolvimento pessoal. A lei da atração também ensina isso e também está escrito em milhões de livros que nossa mente não entende o palavra "Não", se você disser "não" para algo, o que vai se destacar é o algo, o Não é mudo, então a coisa certa é dizer o que você quer e não o que você não quer, e é meu sonho ver um faixa escrita "Diga sim à diversidade", essas são as palavras certas, que causam impacto emocional e positivo no mundo.

Quando fiz o curso de segurança na África do Sul, eu me encantei, porque eles ensinam a não falar o "não", usa-se o negativo em vez do não, eu me apaixonei à ideia e passei a usar o negativo em vez do não, porque eu havia entendido que o não só atrapalha, quando você diz que não quero isso, a sua mente entende quero isso, o não na mente some. Já vi pegadinhas na TV em que escrevem uma placa escrito não olha e o que acontece é que as pessoas vão olhar e depois levam uma torta na cara. Você também provavelmente já viu pegadinhas desse jeito, o mesmo acontece com crianças quando a mãe diz "Não faça isso", a criança entende que foi lembrada a fazer, aí é que ela vai e faz, então o não mais atrapalha do que ajuda, substitua o seu não pelo negativo.

E falando sobre vocabulário, às vezes o que falamos não é o que queremos dizer e isso cria um conflito em nossa mente, então precisamos de um vocabulário compatível com nossos pensamentos, por exemplo, "vidas negras importam" não é compatível com a luta real contra o racismo, porque o que queremos combater aqui é a ignorância em relação às diferenças, não às cores, porque o racismo nos dá o ideal de que a única pessoa má no mundo são as pessoas brancas, todas as outras pessoas no mundo são boas e essa não é a verdade. Eu quase morri queimado pelos negros sul-africanos e por ser negro, como você explica essa barbaridade, o problema nunca é a cor da vítima, o problema real é sempre a mente do agressor, e esse agressor pode ser um branco, preto, amarelo, oriental, não importa, queremos combater a raiz do problema e para isso, todas as vidas importam, e é muito importante combatermos juntos do que tentar nos dividir em pequenos grupos e categorias.

"Juntos ficamos em pé" é uma citação muito antiga, então a pessoa que discrimina os outros pela cor da pele em um país também será discriminada por seu idioma em outro país e a dor é a mesma. Assim, precisamos lutar contra a raiz que causa o problema, se tentarmos cortar só o problema, ele germinará novamente e todo mundo levará a culpa, ninguém é melhor do que ninguém, somos todos iguais aos olhos de

Deus e precisamos também entender que isso é algo que a humanidade está descobrindo agora. Todos nós em uma época costumávamos nos sentir desconfortáveis com aqueles de fora da nossa zona de conforto, mas agora é hora de mudar a maneira de pensar e isso é o que é chamado de expansão da consciente, é sair da zona da ignorância e tentar ser um ser humano melhor, poder quebrar fronteiras mentais, você faz isso elevando a sua vibração.

Precisamos entender que somos um povo, os seres humanos, não devemos ser enganados com o passaporte ou as fronteiras que nos separam, temos uma luta neste planeta, que é evoluir. Então evite andar com o mapa na mente, por exemplo, esse é do meu país, eu posso ajudar, esse é do outro país, que morra, esse é da minha cor, aquele é de outra cor. Isso não existe, somos um, quando você entender isso, o milagre na sua vida começa acontecer.

Estas palavras: *racista*, *Holocausto*, *genocídio*, eu entendo que nunca foram inventadas para circular entre nós, eram expressões usadas principalmente no tribunal apenas para identificar o tipo de crime que foi cometido. Por isso, se chamarmos alguém de racista, nós o exaltamos, nós o fazemos grande, e ao mesmo tempo concordamos que estamos abaixo dele, mas se o chamarmos de criminoso, o colocamos no lugar certo, é onde ele pertence, e se for para esse crime ser categorizado como racismo ou injuria, será decidido por um juiz, em um tribunal de justiça.

As diferenças sociais também causam má interpretação entre as raças. Onde eu nasci, por exemplo, julgam o favor de Deus com base na posse material, então, algumas pessoas duvidam que os negros têm o favor de Deus devido à pobreza, enquanto foi provado que a prosperidade material é uma mentalidade, que somos todos iguais, a maneira que pensamos é o que faz toda a diferença.

12.

MENTE COLETIVA E O RACISMO

Cada região tem sua mente coletiva e há a mente coletiva do mundo também, e quando criança, somos ensinados a pensar e agir como todos os outros e tudo começa na pré-escola. Quando há uma criança que age de forma diferente, encontram um diagnóstico para essa criança, porque são padrões fora do comum e aqueles que pensam independentemente, nós os chamamos de loucos ou gênios, dependendo da capacidade de provarem a si mesmos.

Surfar na mente coletiva é fácil, porque você não precisa pensar, e é isso que somos forçados a aceitar, uma vez que chegamos aqui neste planeta, não temos chance de escolher o que queremos para nós mesmos, encontramos tudo configurado para nós e somos forçados a seguir. Se a pessoa vem de uma família disfuncional, terá muitas dificuldades para obter o sucesso devido à mente coletiva, porque ela já foi projetada para o fracasso e aqui é onde a rebeldia é benéfica, porque a pessoa tem que começar a pensar por si mesma em vez de fazer o que todo mundo está fazendo. Eu vi um exemplo muito bom disso na África do Sul, quando recebemos novas pessoas no país, eles acabavam na mesma profissão que a nossa, porque era a única coisa no que tínhamos experiência e é o que conseguíamos ensinar-lhes, a menos que eles seguissem a sua própria intuição. Eles não teriam resultados diferentes de nós, e aqueles que obedeciam às suas intuições conseguiam ter resultados diferentes e muitas vezes melhor do que nós.

Então, essa mente coletiva é responsável por muitos fracassos, incluindo o racismo, porque cada um de nós é único e não podemos padronizar tudo para todos, e é isso que a sociedade faz, a mesma pré-escola para todos, as mesmas faculdades para todos, mas o que acontece na pré-escola quando alguém não pode diferenciar o verde do azul? Nós o chamamos de burro, ele tem que reprovar, e dez anos depois descobrimos que ele é daltônico e pedimos desculpas retroativamente e acabou, e as pessoas saem dessas instituições de ensino como veículos que saem da fabricação, são todos iguais, com o ego cobrindo a Aurea. A mesma atitude mental, o mesmo vocabulário, e quando eles se deparam com algo novo, é como se isso não existisse. Não temos a humildade de aceitar algo novo, levou muitos anos para os médicos começarem a dizer aos pacientes "Do nosso lado não há nada que possamos fazer, agora você tem que depender de sua fé". O que eles costumavam dizer era: "Seu caso é terminal, não há cura para isso, não há cura para aquilo", uns recebiam até prazo de vida, "você só tem duas semanas, o seu problema tem apenas três meses de vida", e muitos pacientes perdiam a fé por causa das palavras padronizadas dos médicos, mas como é que essas padronizações afetou o racismo? Na África acreditam que todos os brancos são ricos e que eles conseguem as coisas na vida facilmente, e na Europa acreditam que todos os negros são pobres, miseráveis e criminosos e que você não pode confiar neles. Qualquer um que sai da mente coletiva é criticado, porque ele vai pensar diferente e este é um problema mundial. Precisamos sair da mente coletiva ou matrix, acolhendo a diversidade, opiniões diferentes, acolhendo sotaques diferentes, acolhendo diferentes tons de pele, fomos criados e não fabricados, então temos que ser diferentes uns dos outros e saber que todos nós somos um povo e as diferenças nos fazem crescer.

Quando eu cheguei no Brasil, brincava com as pessoas que na minha casa na África não tínhamos cachorros, tínhamos leões para proteger nossas casas, e muitos acreditavam nisso, porque essa é a mentalidade quando eles falam sobre a África. Confesso que a primeira vez que vi um leão foi em um zoológico, e não há desculpas, porque hoje você pode obter qualquer informação que quiser. Quando tirei minha habilitação no Brasil, passei na primeira vez, e as pessoas achavam que eu era um gênio por passar na primeira vez, sem saber que eu já tinha habilitação na África, só tive que tirar uma nova porque o prazo para trocar havia vencido. Isso me lembrou de um amigo que foi para os Estados Unidos e as pessoas estavam dizendo que ele era muito inteligente, no primeiro dia no Estado Unido e já falava inglês, e ele é da África do Sul, onde o inglês é uma das línguas oficiais, é tanta ignorância, só para não pensar, uma pessoa que nunca falou inglês, consegue falar no primeiro dia que chega em outro país?

Até as religiões têm sua própria mente coletiva, o que acontece é que a pessoa que fundou a religião cria umas regras que todas as filiais ao redor do mundo têm que adotar, e os seguidores têm que agir com base nessas regras, então eles perdem o livre-arbítrio e é assim que as religiões se tornaram franqueadores do amor, porque deixam de seguir o amor para obedecer às regras escritas. Eu tenho um bom exemplo disso. Quando o covid-19 surgiu e tivemos que ficar em casa, uma certa religião recebeu instruções da sede para suspender todas as atividades físicas, os serviços da igreja eram para ser transmitidos on-line, até novas instruções da sede, e durante esse tempo, as coisas estavam melhorando e as pessoas estavam voltando para a vida normal, incluindo as pessoas da igreja. Eles iam jogar futebol juntos e para a praia também, porque o governo já havia removido algumas restrições, mas as rotinas espirituais continuaram on-line, e durante esse período o filho de uma das irmãs morreu em um acidente de carro e ninguém foi visitá-la ou dar um incentivo, porque a sede ainda não havia permitido que eles voltassem à rotina normal. Este é o exemplo da mente coletiva, sem essas regras eles teriam sido tocados para ir e prestar algum tributo à irmã. O amor genuíno deve agir do coração e não a partir de instruções escritas, e isso é exatamente o que Jesus disse, que na parte final dos dias o amor esfriaria. Os líderes devem ter boas intenções, mas obedecer à regra da igreja estava à frente de exibir amor fraternal. Esse é apenas um exemplo de como nosso agir coletivamente influenciou até mesmo lugares em que não deveria, mas está acontecendo o chamado seguindo a multidão, você já andou na multidão? Ao andar na multidão você não precisa se preocupar com nada, apenas seguir o fluxo, se eles se perderem, você também se perde, e infelizmente a maioria está indo para o caminho errado, é por isso que precisamos usar nossas faculdades de raciocínio para distinguir o que é bom e o que é ruim para nós, porque espaçoso é o caminho que leva à destruição, muitas pessoas usam a expressão "sair da caixa".

Vi um exemplo muito bom de uma mulher que se recusou a seguir a multidão no Brasil, quebrou as regras e se tornou famosa, porque o Brasil tem padrões muito altos de beleza e se tornou um dos principais países em cirurgia estéticas, e aqueles que estão fora desses padrões acreditam que não merecem ser felizes, especialmente as pessoas acima do peso. Para essas pessoas vão dizer que não podem fazer isso ou aquilo porque estão acima do peso, que não podem trabalhar naquele lugar, porque são assim etc. As pessoas se limitam e essa mulher realmente quebrou todas essas regras, ela é negra, obesa, da comunidade pobre, e hoje ela é uma cantora e viaja ao redor do mundo inspirando muitas pessoas lá fora a não serem reféns da multidão, a criar sua própria regra. O poder Deus já nos deu, então cabe a cada um de nós fazer o uso dele.

Falei com um amigo branco cuja filha foi a primeira da família a se casar com um homem negro, ele me disse que, como pai, não foi uma surpresa para ele, porque desde criança ela nunca diferenciou as pessoas, mas de sua personalidade ele sabia que a pessoa com quem ela decidisse se casar seria alguém que a faria feliz. Isso era verdade, no primeiro dia que ela apresentou o rapaz, disse o pai, eu lhe fiz algumas perguntas e soube que ele era uma pessoa com personalidade, eles se conheceram na igreja, ele tinha um emprego estável, uma família forte, a única coisa que eu disse à minha filha foi que ela tinha que ser forte por causa do preconceito das pessoas, mas eu não sabia que eu é que tinha que ser forte, disse o pai ela já era forte por decidir estar com ele. Mais tarde eu descobri que eu era quem precisava ser forte, porque no primeiro dia que ela postou uma foto junto com o menino em suas redes sociais, comecei a receber telefonemas de amigos e familiares perguntando se eu sabia que minha filha estava namorando um menino negro. Em primeiro lugar, eu disse sim, eu sei, depois, o maior problema foi com os membros da família, eles queriam uma explicação por que eu permiti que isso acontecesse. Um dos seus irmãos disse que a família seria poluída pela filha dele e esta foi a hora em que o pai entendeu o quão forte ele precisava ser para apoiar a filha, e para sua surpresa, no dia do casamento, toda a família compareceu, mesmo aqueles que prometeram não ir se ela se casasse com uma pessoa negra. Hoje o casal segue forte, tem uma linda menina e é fonte de referência para a comunidade. O pai diz que agora perderam a conta de quantos casamentos multirraciais ocorreram na família é que sempre deve ter alguém para quebrar a corrente. Esse poder de quebrar correntes acaba com ódio, acaba com guerras, preconceitos e o racismo, acaba com a vitimização e até a pobreza, coloca você fora da matrix, e as possibilidades fora da matrix são infinitas.

A verdade ninguém quer enfrentar, é mais fácil apontar dedos do que assumir a responsabilidade, e é assim que cada raça joga a responsabilidade para a outra. O mundo está com um problema tão grande, porque tal raça está fazendo isso e a outra raça não está fazendo aquilo. Quando eu estava no meu antigo paradigma, costumava olhar para as empresas e se eu não visse uma pessoa negra, dizia que a empresa era racista. O mesmo com um grupo de pessoas, quando eu costumava ver um grupo de pessoas de mais de oito sem nenhum negro, para min aquele grupo já era racista, levei muito tempo para entender que o tempo de racismo se foi, hoje é a vibração das pessoas que os colocaram onde eles merecem estar. Quando eu desinstalei o racismo, já fui o único negro em muitas ocasiões, empresas e até casamentos, e foi isso que me motivou a ir a fundo nesse conhecimento, uma pessoa que não conseguia emprego e conseguiu dar a volta por cima. Se alguém viesse me dizer o que eu estou escrevendo agora cerca de 20 anos atrás, eu não iria acreditar, e isso é exatamente o que faz a mente coletiva, hoje eu posso ver muitas pessoas negras que têm exatamente o mesmo sentimento que eu tive muitos anos atrás e que precisam de atualização. Que este livro sirva de atualização, essa é a última versão.

14.

A VERDADE SOBRE A ESCRAVIDÃO

Quando eu era pequenino e me contaram sobre escravidão e racismo, nunca me disseram toda a verdade, e a parte da história que eu absorvi foi a dolorosa e eu carreguei por um longo tempo na minha vida. Em vez de contar a mesma história para os meus filhos, eu decidi fazer uma pesquisa e descobri que a escravidão aconteceu durante um período muito sombrio aqui na Terra, um período em que estávamos distantes do amor de Deus e toda a maldade estava acontecendo na Terra, do canibalismo às guerras, a história mostra que houve época aqui na Terra em que as pessoas comeram seus próprios filhos, é só pesquisar que você encontrará material. Se você fosse encontrado com uma Bíblia, seria queimado vivo, para não mencionar as guerras sobre territórios e poder, muitas delas mencionadas na Bíblia e em livros de histórias, houve época aqui na Terra em que ir numa arena no final de semana e assistir um homem sendo devorado por um animal era chamado de diversão.

Então, muitas coisas eram desconhecidas para o homem, alguns pensavam que a Terra era quadrada, outros achavam que a Terra estava apoiada em algo sólido, até que as expedições começaram a provar o contrário e descobriram que a Terra não era quadrada e nem plana e que havia pessoas do outro lado. A busca por território e poder espalhou-se por todo o mundo, então a escravidão começou nesses períodos sombrios e muitas pessoas estavam envolvidas. Também descobri que os africanos foram um dos primeiros a terem escravos no mundo, e isso é algo que ninguém vai dizer a você, a menos que você investigue por si mesmo. Sim, os hebreus eram escravos no Egito de acordo com um livro sagrado, e o Egito está localizado no continente africano. Agora a resistência mental vai dizer que os egípcios não são negros, exatamente o que disseram quando Barack Obama se tornou presidente, isso é o seu ego resistindo à informação, só para que você possa continuar na vitimização, então não estamos falando de raça, mas sim de escravidão. Então o Egito foi a primeira potência mundial e sabe o que aconteceu quando surgiu um faraó chamado Akhenaton?

Ele viveu aproximadamente em 1300 A.C. Akhenaton fez reformas no Egito, incluindo a libertação dos escravos, e sabe qual foi o fim dele? morto, é assim que o nosso planeta tratava as pessoas do bem, inúmeras pessoas morreram por fazer o bem, porque o mau é que predominava, e não foi diferente com Jesus Cristo, se você leitor investigar o motivo da morte de Jesus vai entender que ele morreu por ensinar o amor, união, paz. Esse foi seu crime, numa época em que o comportamento era animalesco, sabe o que é que Jesus disse? Se alguém der um tapa na sua face direita, dê também a esquerda, e isso não era compatível naquela época, onde eles estavam amarrados por ensinamentos antigos que falava em olho por olho e dente por dente, então não conseguiam absorver um novo conhecimento, e não acabou por aí; os assassinatos de pessoas amorosas continuou no planeta terra, e se você leitor quiser um exemplo, escreva no google Abraham Lincoln, ele foi o 16º presidente dos Estados Unidos e aboliu a escravidão. Sabe qual foi o fim dele? Assassinado! Então, se você nunca ouviu falar de Akhenaton, tudo bem, porque foi bem antes de Cristo, mas deveria ter escutado de Lincoln ou pelo menos do indiano Mahatma Gandhi. Sabe como Gandhi morreu? Assassinado! Esses exemplos são para você, leitor, ter uma ideia do planeta chamado Terra... é um planeta resistente à luz divina, por isso as pessoas de paz, do amor, da união, sofrem nesse planeta. Há pessoas que morreram por causa de um sonho, você sabia disso? Martin Luther King foi um pacifista norte-americano. O dia que ele falou do sonho dele em público, que era ver negros e brancos juntos, naquela época esse sonho era uma aberração e sabe o que fizeram com ele? Assassinado! Mas hoje a gente percebe uma mudança pequena, mas notável, os espiritualistas dizem que estamos numa transição planetária em que a luz divina está vencendo as trevas, e eu acredito que esse seja o motivo na qual Nelson Mandela teve uma morte natural e não assassinato como os outros mencionados acima, mas para isso, ele teve de cumprir os vinte e sete anos de prisão.

Então vale lembrar que a escravidão começou na África, os Africanos foram os primeiros poderosos do planeta. Houve época em que saiam pessoas da Europa e da China para estudar na África, isso só não é contado para não despertar o interesse no povo, e depois foi a vez dos africanos serem escravizados, e quando o mundo se virou contra a África, primeiro eram os prisioneiros de guerra que eram levados para a escravidão, depois virou um negócio lucrativo e muitos africanos se beneficiaram também. É por isso que algumas pessoas chamaram de comércio de escravos porque havia compradores e vendedores, mas a maldade não acabou na escravidão, houve o Holocausto, e as bombas em Hiroshima e Nagasaki, bem recentemente, que todos deveriam saber. Essa mesma cultura maliciosa estava acontecendo em todo o mundo e hoje podemos testemunhar o que está acontecendo entre Rússia e Ucrânia, em pleno século XXI, e muitos países africanos ainda tem conflitos internos. Então, a história é boa, mas quando criam versões diferentes e cada um conta seu lado da história, torna-se difícil ver todo o quadro completo, para estudar a história é preciso estar livre de tabus e preconceitos e o pesquisador precisa ser independente.

Precisamos lembrar que somos estudantes tentando entender o nosso planeta, e o universo e a luz estão ficando mais claros, todos fazemos parte desse processo de despertar, para saber da verdade absoluta é preciso estudar e pesquisar sem pré-julgamentos, e por que é importante entender sobre a escravidão? Porque a escravidão é o fardo mais pesado para os descendentes africanos, muitos ainda carregam as feridas da escravidão até hoje, e a escravidão é para ser uma cicatriz e não ferida, só assim poderemos perdoar e seguir em frente. Quando olhamos para trás, vemos que tudo fez parte do crescimento da humanidade e devemos lembrar que agora estamos vivendo o começo da luz, segurar ressentimento do passado nos mantém no passado, mas queremos seguir em frente e adquirir profundo conhecimento sobre Deus e quem somos nós aqui na Terra, é mais importante do que qualquer sentimento negativo que possa impedir o nosso progresso.

Eu nasci num país em guerra civil. Você sabe o que é uma guerra civil? Guerra civil são dois irmãos tentando se matar dentro de casa, e não é diferente com a guerra racial, a única diferença é que na guerra civil eles querem se matar no país, e na racial eles querem se matar no mundo, mas não deixam de ser irmãos, é tudo uma coisa só.

Eu tive que pergunta a mim mesmo, quero encontrar uma maneira de seguir em frente na vida ou quero ficar me lamentando e reclamado sobre o passado para sempre? Essa foi uma decisão que eu tive que tomar, todos os livros sagrados falam sobre a mesma coisa, amor e perdão, então a escolha era minha e deveria ser o objetivo de cada geração, para nos tomarmos melhores e não cometermos os mesmos erros do passado. Agora eu quero ajudar nas coisas ruins que ainda estão sendo feitas hoje e não foram solucionados ainda, como o casamento infantil, ainda existe a mutilação genital infantil, dói saber que essas coisas ainda estão acontecendo hoje em nome da tradição e da cultura, para não mencionar coisas como o tráfego humano. É triste dizer que essas práticas são apoiadas por membros da família, e eu não quero deixar de fora a violência contra os homossexuais, matar alguém só porque é diferente, ou pensa diferente, ou gosta de algo diferente, ou tem uma opinião diferente é um absurdo, mostra o nível de escuridão que ainda hoje existe, e essa luta envolve todos os cidadãos do planeta, ninguém pode dizer "Eu não estou envolvido", cada um de nós é responsável pelo que estamos fazendo aqui na Terra, e todos nós temos um objetivo, que é deixar este lugar um lugar melhor, e sobre isso, nosso silêncio às vezes pode ser um crime, quando temos o dever de falar. Não finja que você não vê o que está acontecendo no mundo hoje, vamos trabalhar juntos para deixar um lugar melhor para nossos filhos e parar de espalhar ódio e começar a amar as pessoas.

No círculo familiar, devemos praticar o amor por palavras e ações, você nunca vai se arrepender de expressar seu amor para as pessoas, porque Deus é o próprio amor, então compartilhe amor onde quer que vá. Assim, vamos contribuir para que o amor ultrapasse o ódio e ajudar na iluminação do nosso planeta. É assim que tem que ser, é nossa responsabilidade deixar o mundo um lugar melhor para as próximas gerações, e a maneira certa de fazê-lo é ensinar o amor.

Não se apegue ao passado, pense no que você pode fazer agora para melhorar a vida na Terra, e todos podem contribuir, se você é político, sempre pense em políticas que ajudem as pessoas e tornem a vida mais confortável. Se você estiver em um comércio, lembre-se de que grandes negócios começam sempre levando solução para as pessoas e depois o dinheiro vem, e não o contrário. Se você está ajudando as pessoas espiritualmente, esteja ciente de suas limitações e nunca faça promessas que não pode cumprir ou fora do seu alcance, aqueles no serviço público precisam lembrar de que você está lá para servir, mas você pode mostrar amor, não apenas trabalhar por salário, faça algo que você ama e você será capaz de adicionar algum valor que lhe trará satisfação pessoal e para aqueles que você está servindo também.

15.

BRASIL, UM PARAÍSO RACIAL NO MUNDO

O Brasil é o país com maior número de pessoas negras fora da África e aqui muitas pessoas me perguntam se eu já sofri atos de racismo, e após a minha resposta, a pessoa sempre acaba dizendo que ainda tem muito racismo aqui. Do meu ponto de vista, como um pesquisador racial independente, o Brasil é pioneiro na luta contra o racismo, eu tenho fontes para comparação, e se incluirmos os negros que se matam uns aos outros no continente africano, porque para mim o problema é o mesmo, então o Brasil está muito à frente, e para aqueles que dizem que o racismo nunca vai acabar, na verdade eles estão dizendo que as pessoas nunca serão educadas, porque sem educação de qualidade sempre teremos as duas classes, uma que sente e acredita que é superior e outra que sente e acredita que é inferior. O melhor exemplo que dei foi o da pobreza, sempre teremos os pobres, estas foram as palavras de Jesus Cristo, mencionadas em João 12:8. Eu sou uma prova viva de que não importa de onde você veio, se você tem o desejo em seu coração, você vai fazer tudo para mudar sua situação. É fácil? Não, mas não impossível, lembre-se de quando falamos sobre vibração, sim, você vibra os seus pensamentos e as coisas simplesmente acontecem.

Em março de 2014, durante uma partida de futebol na Espanha, um torcedor jogou uma banana no campo e um jogador brasileiro pegou a banana e comeu, um pouco antes da cobrança de escanteio. Eu sabia que tinha que ser um brasileiro para fazer isso, porque é um problema que eles já estão vencendo aqui no país, antes de mais nada, foi uma resposta excepcional do jogador brasileiro, que não estava chorando, ele deu uma boa lição para o mundo, sua ação mostrou que quem jogou a banana é uma pessoa estúpida, que precisa de educação, ele não o viu como racista, podemos ver que sua vibração era muito maior do que o do agressor. Alguns vão dizer "Mas ele não é negro", é o ego falando, resistindo à informação, se eu falar de um negro que fez igual, só não viralizou, você vai dizer que foi sorte, o ego é liso, gosta de se esquivar para a verdade não penetrar, e um incidente semelhante aconteceu no Brasil, em agosto de 2014. Foi uma partida de futebol entre dois times brasileiros e um dos goleiros foi chamado de nome de um primata pelos torcedores do outro time, em primeiro lugar, o jogo foi suspenso e com a ajuda dos bons cinegrafistas que estavam no campo, identificaram cada pessoa na arquibancada que estava gritando e gesticulando o primata, e a maioria deles foram pegos, alguns perderam os empregos, pela repercussão, outros vieram a público para se desculpar, por terem sido ameaçados nas mídias sociais. O que eu gostei é que todos contribuíram, não esconderam fatos e este é o positivo sobre os crimes raciais no Brasil, a luta contra o racismo é feroz. Eu vi apresentadores de TV perdendo seus empregos porque eles não se expressaram adequadamente sobre questões raciais, então a luta contra o racismo no Brasil, do ponto de vista de um pesquisador independente, está bem avançada, mas o que se precisa é mais investimento na educação, para o Brasil começar a ensinar o mundo, porque uma vez que as pessoas são educadas, atos de racismo serão vergonhosos, e ninguém gosta de passar vergonha. Temos essa percepção errada de que o racismo é com pessoas brancas e queremos forçá-los a mudar a maneira como eles encaram os negros, mas a realidade que causa o racismo é falta de conhecimento, então qualquer um pode ser racista, a coisa certa é a educação de qualidade. Lembrando que o racismo envolve duas pessoas, é uma situação dupla, se nós educarmos um, automaticamente ele vai cancelar o efeito do outro, torna-se como alguém que conta piadas e ninguém ri, ele vai parar de contar as piadas.

Agora estou preparado para ajudar o mundo, eu tenho essa enorme responsabilidade de ir e dizer às pessoas na minha comunidade que os brancos não são Deus, como costumávamos dizer, eles são como nós. Também quero que a comunidade branca saiba que estamos no mesmo barco, o lugar onde você está sentado não é importante, o barco é o mesmo, e uma vez que você descobre que somos uma coisa só, tudo se encaixa, derruba preconceitos, crenças limitantes e aumenta o amor. Isso eleva a vibração, um único entendimento é capaz de tirar a pessoa da zona de conforto, eu ainda estou estudando qual será a melhor maneira de convencer a minha tribo, não sei se digo para eles que somos todos deuses, ou se digo que os brancos não são deuses, são como nós, é tudo uma coisa só.

16.

RESISTÊNCIA AO FIM DO RASCISMO

O que eu senti sobre o racismo era o espelho de mim mesmo, infelizmente o espelho não era meu, foi dado a mim pela sociedade, e nessa mentalidade, se alguém viesse até mim e me dissesse que a maneira como eu me sentia era um reflexo de quem eu era, eu brigaria, porque nunca somos o culpado, a culpa é sempre de outras pessoas. Muitas pessoas não aceitarão o fato de que você pode acabar com o racismo em sua vida, porque uma vez que você sair dessa mentalidade, não pode mais culpar outras pessoas por seus maus resultados ou pelo seu fracasso, pois você se torna o piloto de sua vida e sempre irá atrás dos seus resultados. Quando errar, você vai saber que é sua culpa, e nós não gostamos de ser responsáveis por nossas falhas, nós gostamos de culpar outras pessoas por nossos fracassos, e o racismo é um bom esconderijo, é mais fácil culpar outras pessoas pelos maus resultados na vida. Lembro-me de que eu não queria ter filhos, porque eu não queria que eles sofressem racismo. Eu nem sabia que o racismo estava em mim.

Quando eu costumava pensar assim, eu sempre fui atraído por situações para provar que minha mentalidade estava certa, quando mudei meu paradigma, percebi que era eu que era racista, e agora tenho dois filhos lindos, um menino e uma menina, e darei o meu melhor para passar a eles a realidade do mundo e não os deixar apenas viver pela mentalidade coletiva. Eu quero ensinar eles a pensarem por si próprios e não repetir todos os meus fracassos novamente, eu quero que eles tenham uma cultura que seja compatível com o mercado, e isso envolve saber que você atrai sua própria realidade, algumas pessoas até dizem que cada um tem a vida que merece, racismo não é sobre preto e branco, é sobre mentalidade, porque mesmo na África temos complexo de superioridade baseado no tom da pele e localização geográfica, e existem várias tonalidades de preto.

Quando somos mais claros que os outros, acreditamos que somos melhores do que eles, e quando conhecemos alguém mais claro que nós, nos tornamos vítimas, porque a dor de ser inferior é maior do que o prazer de ser superior. Então o segredo é elevar sua vibração, isso traz o equilíbrio emocional, a consciência de que você não é superior nem inferior a ninguém, e ser capaz de saber a verdade e distinguir o certo e o errado. Você vai entender que existe um padrão e é contra esse padrão que realmente queremos lutar. Você vai entender que todo mundo tem culpa, nenhuma raça é melhor ou pior do que outra. Existe o ditado "quem bate esquece, mas quem apanha nunca esquecerá", que é a regra, mas para superar o racismo, você precisa ser extremamente honesto, eu me sinto extremamente feliz sendo capaz de ver a verdade apesar dos traumas e crenças limitantes com que fui criado, porque nascer em uma família disfuncional em um país com guerra civil é uma das coisas mais cruéis que podem acontecer a um ser humano, porque você sempre verá a vida de cabeça para baixo e quando chegar à vida adulta, seu mapa nunca vai corresponder à realidade ou território. É assim que os traumas e as crenças limitantes começam a se manifestar, e nunca se vai progredir sem consertar o mapa, por assim dizer.

Um exemplo foi o ensinamento que recebi de que matar era errado, que Deus punirá aqueles que matam, mas então o governo queria que eu fosse matar os inimigos, não há uma contradição? Porque a vida foi criada por Deus e não por nenhum governo, então como um governo pode me autorizar a matar, e eu aceitar? E para piorar, o inimigo era do mesmo país, em minha mente, obedecendo ao governo e tirando uma vida, não isentaria minha responsabilidade perante Deus. Eu tinha 12 anos quando recebi o apelido de Menino que prefere morrer, e enfatizaram que eu era a única pessoa no mundo que pensava assim. Com 12 anos eu não sabia como me defender, eu aceitei que era burro, como eles falaram, mas também não conseguiram me convencer a matar.

Na época, eu não sabia que a força dentro de mim que estava impedindo o prazer de matar era o amor. Este é o mundo que estamos vivendo, se você nasce com valores diferentes, você tem que pagar o preço, mas acredite em mim, se você conhece uma criança que pensa assim, é porque a mente e o coração dela estão trabalhando, o contrário é apenas obediência à mente coletiva, não é pensar por si mesmo. É o mesmo com o racismo, o problema real não são as raças, porque se colocarmos as raças de lado, ficaremos com questões geográficas, se tirarmos as questões geográficas, ficaremos com questões de idiomas, se tirarmos as questões de idiomas, ficaremos com questões de gênero, se tirarmos a questão de gênero, ficaremos com questões de tamanho, se tirarmos as questões de tamanho, ficaremos com questões de altura, e com isso podemos entender que existe uma questão mais profunda, que ninguém quer tocar, porque tocá-la pode afetar a si mesmo, e ninguém quer apontar o dedo para si mesmo.

Nós amamos apontar o dedo para os outros, mas só podemos começar a resolver problemas quando entendemos que somos parte do problema e entender que precisamos pensar, e pensar é doloroso, por isso é fácil navegar na mente coletiva e acreditar e dizer o que todo mundo está dizendo. Há também outro problema quando começamos a pensar, precisamos seguir um caminho individual e ninguém está pronto para caminhar sozinho, por isso adoramos seguir o caminho público, onde não há dor se cometermos erro. Podemos rir disso porque estamos todos juntos, mas cometer erros sozinhos é a pior coisa que pode acontecer, você pode não resistir aos dedos que estarão apontando para você. É por isso que qualquer um que decide andar sozinho primeiro será chamado de louco, mais tarde quando os resultados começam a parecer, deixará de ser um louco e se tornará um gênio. Então, para mim, ser um gênio é apenas se recusar a acreditar na mente coletiva e começar a pensar, que todos nós somos gênios, apenas precisamos ativar o pensamento, e uma vez ativado, saímos da matrix.

Você não pode ter duas vibrações ao mesmo tempo e estar no muro, por assim dizer, não é possível, porque você acaba caindo para um lado, e muitas vezes é para o lado vibracional inferior. Eu vi pessoas que conseguiram posições maravilhosas no trabalho e de repente eles se demitem por causa do racismo, eles caíram de volta para a frequência baixa ou sabotaram-se para melhor compreensão da expressão, porque para chegar a essa posição eles trabalharam duro, mas quando chegaram lá, pararam de progredir e caíram para trás. Isso acontece por causa do nosso ambiente, porque quando subimos a escada e vemos aqueles ao nosso redor na vibração inferior, enfrentamos uma das escolhas mais difíceis, e são três opções.

A primeira opção é levar todos, amigos e familiares ao mesmo nível de vibração em que você está, mas felizmente esse é um crescimento espiritual e o despertar espiritual é pessoal e se sua família e amigos não estão vibrando dessa forma, então eles não sobreviverão à vibração elevada e você começa a ter conflitos com eles, porque você não está mais na mesma vibração e a família não quer perder você, então eles vão tentar por todos os meios tê-lo na mesma vibração deles. Por exemplo, na minha família todos os fracassados são bêbados e para a família está tudo bem, não há problema e eles ainda apoiam, a principal ameaça é tentar mudar sua vida para melhor, torna-se uma ameaça à tradição familiar, e eu descobri que não é apenas o meu problema familiar, é uma situação mundial, até Jesus enfrentou tal problema com a sua própria família, alguns de seus irmãos disseram que ele era louco e isso é o que o moveu a dizer que um profeta não é honrado em sua própria terra, registrado em Marcos 6:4.

Então, se você pensar em expandir a sua consciência, por favor, saiba que é uma coisa individual, deixe sua família para trás, porque ninguém vai apoiá-lo, pelo contrário, eles vão estar contra você, para tentar parar você, a sensação é que eles estão perdendo você e a punição mais conhecida é cortar os laços com você, porque nós humanos amamos pertencer, se vemos que as portas estão fechando, isso nos traz preocupação, é o que desmotiva muitas pessoas a realizarem os seus sonhos, porque queremos pertencer e isso é o que nos levam para a zona de conforto, na qual não há crescimento.

A segunda opção é desconectar-se deles, soa um pouco negativo, mas é a melhor opção, que permitirá que você se estabilize na sua nova vibração, ao mesmo tempo, eles respeitarão o fato de que agora você pensa diferente. Tente ajudar um por um, começando com aqueles que têm admiração por você, todos os outros vão chamá-lo de muitos nomes, como arrogante, estranho, metido etc., apenas ignore e continue respeitando-os e demostrando amor, mais tarde tudo será resolvido na paz. Muitas pessoas têm dificuldades e acabam caindo porque a família vai agir como se você estivesse errado, porque vão sentir que eles estão perdendo você, não se sinta culpado ou um traidor, você não é, apenas está expandindo sua consciência, é seu direito de nascimento, para evoluir, não é o seu problema se os outros não querem fazer nada com a vida.

Terceira opção, que é muito poderosa, mas em que muitas pessoas caem de volta na vibração anterior, que é chamada de zona de conforto, para que você não tenha que enfrentar críticas de amigos e familiares. Você quer ser aceito e continuar na zona de conforto e é aqui que muitas pessoas voltam para a vibração anterior, deixando essa nova posição ou responsabilidade que eles podem ter, voltando para a antiga comunidade, aderindo a esses amigos e familiares que não querem mudança, tentando evitar apelidos etc.

Eu assisti muitos filmes sobre racismo e realmente não encorajo as crianças assistirem esses filmes sem supervisão. Estou falando sobre filmes nos quais padres negros servem uma comunidade branca, eu nunca entendi como o padre poderia suportar todo o mau tratamento dado a ele e em todos esses filmes e novelas. Nunca vi o padre renunciar por causa do racismo e a razão é simples, alta frequência, por causa de todo o conhecimento sobre Deus, ele tem uma melhor compreensão de como as coisas funcionam e quanto mais ignorante uma pessoa é, pior se torna em atacar os outros devido à cor da pele ou se sentir inferior devido à cor da pele, tudo tem a ver com o nível de conhecimento e educação que uma pessoa tem.

Agora você pode perguntar, conheço alguém que tem uma educação superior, mas não mudou sua visão sobre racismo, e a resposta é simples, educação superior sozinha não ajuda uma pessoa em questão racial, pelo contrário, ela potencializa o ego, a pessoa precisa entender que ele ou ela faz parte de uma família universal feita de humanos, animais, plantas, rio etc., e esse mundo material é a menor parte que existe, nossos olhos são muito limitados e o que podemos ver, sentir, cheirar e tocar é uma fração pequena comparando com o que não podemos ver, ou seja, da parte espiritual. Da mesma forma que temos leis humanas, temos leis universais, e esse conhecimento é o que chamamos de espiritualidade, uma pessoa não precisa de igreja para entender isso, mas infelizmente é um conhecimento que não é acessível a todos e conhecer as altas regras do universo já muda a pessoa. Alguém que foi ensinado apenas a trabalhar, ganhar dinheiro e se aposentar, quando tiver 60 ou 70 e esperar a morte, nunca entenderá as regras e leis universais e estes são os próprios que acreditam na superioridade ou inferioridade das raças.

Nós já sabemos que a vitimização dá poder à preguiça e à pobreza e não é diferente com o racismo, é muito confortável acreditar que você não prospera porque ninguém quer ajudá-lo, porque o governo não está fazendo a sua parte, ninguém com a minha cor de pele está fazendo isso. Se esperamos alguém da mesma cor da pele fazer algo primeiro para que nós sejamos motivados a fazê-lo também, então não teríamos a Oprah, não teríamos Barack Obama e não teríamos Lewis Hamilton, nem mesmo

Mandela ou Pelé, você pode ser qualquer cor que quiser sem mudar sua cor física, apenas mudando sua vibração.

Eu sei que essa informação é muito pesada para ser digerida neste paradigma, se dependermos da ciência para provar as coisas para nós, levará uma eternidade. Usamos o rádio, mas não questionamos como a voz entra no rádio, porque o rádio é apenas um receptor e o homem construiu apenas o receptor, o canal de comunicação sempre esteve presente, tanto o do rádio quanto o da TV, não nos perguntamos para onde vai o canal quando mudamos de emissora, deixamos tudo para a ciência nos contar e nos tornamos reféns dela. Uma foto, por exemplo, a foto existe durante muito tempo e nós nem pensamos no que torna possível uma imagem e só queremos ter a imagem e enviar para nossos amigos, como é possível a foto trazer todos os detalhes do ambiente é coisa da ciência, e é assim que perdemos os milagres da vida que estão acontecendo a cada segundo, o que estamos interessados apenas são as coisas materiais que podemos ver, cheirar, tocar, ouvir e sentir, o resto cabe à ciência investigar, quantas vezes ouvimos as pessoas dizendo nunca ter visto milagre, e vão continuar assim, sem nem saber que estão bloqueados, acham que é normal, nem sabem que são um milagre em si.

Vou dar um exemplo de meu irmão, que aconteceu há muitos anos. Sua ex-esposa queria fazer algo negativo com ele, então ela colocou algo na comida dele. Assim que ele pegou no garfo e na faca para cortar a comida, o prato quebrou ao meio, e ele achou muito estranho, porque não havia colocado força suficiente para o prato quebrar. Então ele foi confrontar a esposa, que depois confessou o que havia feito, aquilo levou à separação e algum tempo depois da separação ela morreu. Agora pergunte ao meu irmão se ele já viu algum milagre em sua vida, ele vai dizer que não, pergunta-lhe qual foi a força que fez o prato se quebrar no meio, ele dará a mesma resposta, que não sabe. Exatamente da mesma maneira, quando usamos o controle remoto não nos importamos qual força faz mudar o canal, isso é coisa para a ciência, não é o nosso negócio investigar, é um negócio da ciência, e é assim que deixamos nossos pensamentos adormecidos, somos tão materialistas que não podemos sequer ver a realidade do nosso mundo. Se Newton não desse nome à gravidade, talvez estaríamos até hoje sem saber que existe uma força que atrai as coisas de volta para a Terra, e isso mesmo vendo aviões caindo, pessoas caindo de prédio, frutas caindo de árvore, a gente não acreditaria, porque a ciência ainda não anunciou o fato e é assim que nos tornamos reféns da ciência.

Hoje a maior questão aqui da Terra é sobre alienígenas, se eles existem ou não, e todos esperando a ciência para confirmar isso, mas para a ciência não é tão fácil de confirmar, porque o maior desafio que eles têm é provar isso, e é algo que eles não podem explicar com fórmulas matemáticas, então torna-se impossível para eles explicar, mas as pessoas que são espirituais já responderam essa pergunta há muito tempo atrás, eles até interagem com esses seres naturalmente, e a resposta foi dada por Jesus, em seus dias ele disse que o conhecimento que seus discípulos tinham foi escondido pelo homem intelectual da época, mas revelado aos seus apóstolos pescadores, porque há coisas que você não pode ver com os olhos materiais, exige o despertar espiritualmente, caso contrário, mesmo que você veja, não vai acreditar, e o melhor exemplo é o do meu irmão, já citado.

Para as pessoas espirituais é fácil, porque eles não precisão converter o que eles acreditam em fórmulas matemáticas, apenas sentem e está tudo bem, e esse é o maior desafio da ciência, porque a função da ciência é provar com fórmulas. Por isso, quando eles usam o nome OVNI, objetos voadores não identificado, significa "nós não temos a fórmula ainda, e recentemente mudaram o nome para "fenômeno aéreos não identificados", as pessoas espirituais já têm contato direto com outros seres porque não ficam esperando a ciência, a espiritualidade está na frente da ciência.

A ciência nunca vai dizer que você pode sair do racismo, se você não investigar por si mesmo e pensar em quantas pessoas você conhece que nem se importam com a cor da pele, porque elas só querem ser felizes e desfrutar da beleza da vida. E não espere que as pessoas baixem sua vibração no seu nível, você é o único que tem que subir sua vibração para o nível que você escolher, temos que parar de dar desculpas e entrar em ação para fazer a diferença. Eu vim de uma parte rural da África onde as crenças limitantes superam toda a imaginação e eu fiz acontecer, hoje eu sou livre do racismo e eu posso fazer o que eu quiser, lembre-se o que Obama disse "Sim, nós podemos", então tenha fé.

Já que muitos não conseguem ter fé, porque a ciência ainda não inventou a fórmula apesar de a Bíblia ter definido em Hebreus 11:1, vou criar a fórmula para que possa ajudar a geração que foi instruída a não aceitar nada sem fórmula, fé é acreditar em possibilidades infinitas do universo, a fórmula seria:

Fórmula 2 – Fórmula da fé

$$Fé=P^{\infty}$$

Fonte: elaborada pelo autor

Fé = P= possibilidades elevadas ao infinito, ou seja, infinitas possibilidades.

Quando o médico diz que uma pessoa tem apenas duas semanas de vida, a pessoa sem fé se entrega nas duas semana e morre exatamente dentro de duas semana, a pessoa com fé acredita que existem possibilidade desconhecidas que podem mudar a situação e 20 anos depois conta a história que aconteceu, tudo isso porque ela acreditou que existem infinitas possibilidades além da morte e a boa notícia é que a fé não tem nada a ver com religião, é algo pessoal entre a pessoa e a sua conexão com o seu ser superior.

Para se livrar do racismo, uma das primeiras coisas que você precisa fazer é aceitar a si mesmo, porque uma vez que você se aceita, você desarma os outros. Eu aceitei minha cor, que é muito linda, eu também aceitei a abertura que eu tenho entre os meus dentes, eu aceitei minha altura, aceitei meu cabelo, que está caindo, e também a forma do meu nariz, uma vez que você se aceitar, você está armado e os outros ficam sem munição para o atingir.

Podemos sempre crescer em conhecimento, somos seres espirituais em corpos físicos, com potencial de progresso e não há limite no aprendizado, para ilustrar para você, quando eu era uma criança eu costumava pensar que os rebeldes no meu país eram animais, por causa das atrocidades que costumavam fazer, mais tarde eu descobri que eu não era a única criança que costumava pensar assim, a maioria das crianças do meu tempo também pensavam exatamente da mesma maneira, e conforme fui crescendo, meu conhecimento também foi aumentando e mais tarde descobri que eles não eram apenas humanos, mas angolanos, como nós. Assim como eu estava crescendo, minha percepção do mundo foi mudando, e é isso que o conhecimento faz na nossa vida, é o conhecimento que nos transforma, mas precisamos permitir que o conhecimento mude a maneira como vemos as coisas. Exatamente da mesma forma quando eu era criança, eu costumava pensar que no exército os soldados iam para conversar com os inimigos e negociar a paz, mas depois eu percebi que não era bem assim, eles iam para matar uns aos outros, e foi a primeira vez que eu percebi que havia algo errado com os adultos, e essa conclusão veio por causa do conhecimento. Então o conhecimento tem que nos ajudar a ver o mundo de uma maneira melhor.

Um dia consegui um emprego em um escritório no Brasil, e no meu primeiro dia de trabalho ouvi uma criança ao lado de fora chamando a mãe, na minha mente eu vi como se fosse uma criança de oito anos mais ou menos, pela voz que estava chamando a mãe, só que a mãe não respondia e passou o resto do dia todo chamando, e não dava para ver do outro lado, porque existia um muro muito alto. Eu estava pensando, mas onde está essa mãe que não quer responder a criança? Ou será que a criança tem algum problema de saúde, porque uma criança normal não conseguiria chamar assim por tanto tempo, e eu olhava ao meu redor, mas os outros funcionários nem estavam ouvindo e isso durou quase a semana toda, sempre no período da tarde a criança começava chamar pela mãe. Na minha mente, achei que provavelmente aquele era a hora que ele chega da escola, comecei a trabalhar na segunda-feira, quando chegou sexta-feira eu pensei que talvez eu estivesse ouvindo vozes de outras dimensões, porque as pessoas ao meu redor ninguém se manifestou ou se incomodou com a situação, aí eu fiquei preocupado, mas eu estava tão irritado com a situação e decidi perguntar ao colega ao meu lado se ele não estava ouvindo a criança chamando a mãe e ele calmamente disse: "não é criança, é um papagaio". Na hora eu entrei em crise de riso, imaginando a cena, eu não conseguia me concentrar a semana toda por causa de uma criança chamando a mãe sem parar e era um papagaio, percebeu como a minha própria mente estava me enganando? me dizendo que era uma criança? Até a idade veio, mais ou menos oito anos, que chegou da escola, toda essa informação falsa foi da mente. Perceba que o conhecimento mudou meu humor, e a maneira como eu encarei a situação também mudou? a partir desse momento eu parei de me preocupar, porque eu sabia que não era uma criança, mas sim um papagaio, mas confesso que não tinha diferença com a voz de uma criança, então a falta de conhecimento estava me deixando preocupado e irritado, e este é outro exemplo de como um conhecimento pode mudar a maneira como sentimos e encaramos as coisas ao nosso redor. O racismo não é diferente, você pode ganhar o racismo se você começar a olhar para as coisas com um olhar diferente, mas você precisa do conhecimento certo, você precisa estar preparado para aceitar a verdade absoluta e não se apegar à verdade da sua mente, porque ela pode estar mentindo para você.

Esse conhecimento do papagaio mudou minha percepção em três maneiras. Primeiro, a mãe não estava morta nem ignorando o filho, que não era uma criança, mas sim um papagaio. Segundo eu não estava ouvindo vozes de outras dimensões, a voz era real. Terceiro, meus colegas ouviam a voz, mas como fazia tempo que eles trabalhavam ali e já sabiam que era um papagaio, ninguém mais se preocupa com isso, mas depois que eu reclamei, todo mundo disse que quando começou a trabalhar no escritório também pensaram que fosse uma criança, inclusive eles comentaram que o papagaio fazia mais ou menos uns 12 anos por ai, então tudo mudou por causa de um conhecimento.

Um outro bom exemplo que aconteceu comigo foi no mercado, um dia eu fui comprar cenoura e estava com pressa, peguei algumas cenouras e coloquei no plástico e fui pesar, era daqueles mercados em que existe um lugar específico onde você pesa, não é pesado no caixa. Terminei de pesar, coloquei no carrinho, mas o que aconteceu é que havia uma cenoura que não estava dentro do saco, estava enrolada no saco, apenas enrolada, quando cheguei ao caixa, a operadora do caixa viu que tinha uma cenoura fora do saquinho e deu duas opções: Pesar novamente ou deixar a cenoura que estava fora do saquinho. Eu entendi que ela estava certa e imediatamente eu pensei no meu paradigma antigo, de quando eu tinha o racismo instalado, eu teria perguntado a ela se achava que eu queria roubar uma cenoura, e antes da resposta eu faria outra pergunta, "Se fosse uma pessoa branca, você diria a mesma coisa?", porque era assim que eu pensava, mas o que eu fiz foi apenas deixar a cenoura que estava fora do saquinho e segui o caminho, que significa que eu paguei pela cenoura que ficou. Na minha mente eu estava pagando por um erro que eu cometi, já que eu não quis voltar e pesar novamente, porque estava apressado. Tudo ficou por aí, não teve problema nenhum e a vida é assim, quando a gente assume os nossos erros, só crescemos, mas quando a gente tenta justificar ou jogar a culpa nos outros, eles podem até aceitar a culpa, mas quem sai prejudicado somo nós mesmos. A vida é uma escola, não para aprender, mas para relembrar quem somos, e a gente relembra com todos esses pequenos detalhes, somos todos seres divinos.

Outro exemplo que experienciei também no Brasil foi em uma das empresas que trabalhei, a empresa é multinacional eu era novo lá, fazendo trabalho administrativo. Eles me colocaram ao lado de uma linda mulher loura, alta, magra e de olhos verdes, que vou chamar de Stefany. Nossas mesas eram coladas, juntas, só existia um risco da junção das mesas onde terminava a mesa de Stefany e começava a minha. Ela era muito reservada, sem amigas no trabalho e mal cumprimenta quando chegava ao trabalho. Durante o horário de almoço, Stefany estava sempre lendo um livro sozinha, no meu segundo dia de trabalho, Stefany chamou minha atenção, porque um papel da minha mesa cruzou poucos centímetros o lado da mesa dela. Stefany explicou que não gostava de coisas das outras pessoas do lado da mesa dela, e lembre-se, no trabalho administrativo lidamos com um monte de papéis, e naquela época não existia a cultura de arquivar as coisas na rede digital, era tudo físico. Eu pedi desculpas e na hora pensei no meu paradigma anterior, antes de desinstalar o racismo eu diria que "ela é tão racista que meu papel não pode nem cruzar a mesa dela, só porque sou negro, duvido que ela diria a mesma coisa se eu fosse branco". Era assim que eu costumava pensar, porque era a frequência em que eu estava, agora, que eu saí dessa frequência, quando eu olho para trás, sinto pela ignorância que eu tinha, agora já controlo os meus pensamentos, não deixo mais eles me guiarem.

E olha o que aconteceu duas semanas depois, um novo funcionário foi contratado e houve necessidade de troca de lugares, e então, o recém-chegado, também branco, estava sentado ao lado de Stefany e eu fiquei aliviado de estar distante dela. No primeiro dia os papéis do recém-chegado cruzaram a mesa de Stefany, e depois de ela alertar ele por várias vezes no mesmo dia, foi relatar ao gerente e o gerente chamou nós dois, eu e o recém-chegado, que também era branco. O gerente se desculpou conosco e nos pediu para termos paciência com Stefany, ele disse que ela sofria de transtorno obsessivo compulsivo, mais conhecido como TOC, e era por isso que ela se comportava daquela maneira, ela gostava de suas coisas perfeitas. Para mim essa foi mais uma lição a ser aprendida na vida, que todos nós aqui estamos lutando com algum tipo de problema e não podemos ser tão rápidos em julgar os outros, ela não agia daquela maneira porque ela queria, era um distúrbio que perturba ela. Quando você chega nesse nível de compreensão, de não julgar os outros, você eleva a sua vibração, isso também provou para mim que as coisas simplesmente acontecem, nós somos os que colocamos significado nelas, 20 e poucos anos atrás, quando eu deixei minha aldeia eu nunca havia ouvido falar de TOC, eu realmente acreditaria que aquilo que ela fez comigo era racismo, porque isso é o que eu acreditava. Na pequena cidade da qual saí, não temos todos esses tipos de problemas que você encontra nas grandes cidades, e quando você se depara com essas situações pela primeira vez, a sua mente te engana, porque ela também não sabe o que é, e traz a solução mais fácil.

Foi exatamente isso o que aconteceu no hospital em Woodstock, quando a médica disse ao jovem que ele não estava doente, era apenas saudades da família, aquele diagnostico era muito fora da realidade para um menino rural. Quando eu fazia xixi na cama aos 16 anos, nunca ninguém imaginou que fosse algum distúrbio emocional, apenas consideravam como burrice, então, o conhecimento é a chave que abre qualquer porta existente. E quantas Stefanys há por aí, que não conseguem ter amigas porque as pessoas julgam que elas se comportam de modo diferente por conta da beleza? E são chamadas de metidas etc.?

Temos a capacidade de aprender e eu entendo que esse processo de aprendizagem aumenta o amor pelas pessoas, Jesus ensinou há muitos anos que o que você pede na fé você pode obter, e até enfatizou que a fé move montanhas, e como fazer isso? Fazemos isso com o conhecimento, você não pode ter fé sem conhecimento prático e o verdadeiro conhecimento deve estar livre de preconceitos. Todos nós temos a capacidade de vibrar no mesmo nível que Jesus vibrou e temos um exemplo muito bom de Pedro. Ele era um apóstolo de Jesus e viu Jesus andando na água, ele tentou fazer o mesmo, foi bem-sucedido nos primeiros minutos e, de repente, ele se sabotou, permitindo um pensamento negativo na sua mente e começou a afundar. As principais coisas que nos sabotam é o medo, a dúvida e a ignorância. Jesus já confirmou que faríamos coisas maiores neste tempo que estamos vivendo, então se você acredita em Deus, você não pode acreditar no racismo, você tem que acreditar que existe uma escuridão em que as pessoas estão, da qual elas precisam sair, em outras palavras é ignorância acreditar na superioridade ou inferioridade baseada na cor da pele, somos todos irmãos.

O ponto de partida é ser uma pessoa positiva, todo mundo fala sobre isso, mas poucas pessoas sabem exatamente o que é ser uma pessoa positiva. Se você é uma pessoa positiva, terá um resultado positivo, se você é uma pessoa negativa, terá um resultado negativo. Ser positivo é mudar os pensamentos e os pensamentos, por sua vez, mudam a vibração, e a vibração muda os resultados, infelizmente isso não é ensinado nas escolas. Agora. como eu posso saber se eu sou uma pessoa positiva ou uma pessoa negativa? Algumas pessoas vão dizer-lhe para pedir a opinião de um amigo próximo ou um membro da família, mas o resultado pode não ser o verdadeiro por vários motivos, então aqui eu vou lhe dar a melhor solução para identificar se você é uma pessoa positiva ou negativa, sem precisar perguntar a outras pessoas, mas você terá que pensar e ser honesto com você mesmo, combinado?

Quantas vezes na sua vida você disse: eu sabia que isso ia acontecer? Todos nós temos experiências nas quais dizemos "eu sabia", certo? Essas coisas que aconteceram com você e que você sabia que iriam acontecer foram algo bom ou algo ruim? Sim, agora você tem a resposta se você é uma pessoa positiva ou negativa, porque quando algo ruim acontece em sua vida e você diz que sabia disso, não significa que você é tão inteligente que prevê o que vai acontecer, porque esse é o sentimento que você tem, mas não é isso que é, isso significa que você é uma pessoa negativa, pois no momento em que você sentiu que algo daria errado, era para você mudar o rumo e não esperar acontecer para dizer que sabia, às vezes você se gaba de que sabia quando algo daria errado. Já se o que você dizia que sabia que iria acontecer foram coisas boas, então você é uma pessoa positiva e mantém esse padrão. Algumas pessoas negativas, depois de preverem tantas coisas negativas para a vida delas e dos outros, acham que são experts e começam a prever as coisas ruins na vida de outras pessoas, elas nem sequer sabem o poder das palavras.

Um dia eu estava reformando o bar de meu pai em Angola e queria deixar muito bonito, quando eu disse a um amigo que eu colocaria um espelho no banheiro, meu amigo disse "Mas por quê?", os clientes vão quebrar o espelho, mas eu queria que tudo ficasse bonito e coloquei um grande espelho no banheiro. Quando os clientes entraram pela primeira vez, todo mundo começou a elogiar como estava bonito e no mesmo dia eles quebraram o espelho, quando contei ao meu amigo, ele estava feliz, porque me avisou, mas esse amigo nunca me encorajou a fazer algo, ele só sabia o que daria errado, nunca sabia o que poderia dar certo. Isso não é inteligência, é negatividade. Imagine que opinião ele daria ao Elon Mask sobre ir a Marte, quando construíram o avião, qual seria a opinião dele se estivesse lá? Então, agora você sabe se é uma pessoa positiva ou negativa, e sem precisar da opinião de ninguém.

Aqui estão os três passos para acabar com o racismo:

1º Pare de chamar pessoas sem noção de racistas, elas só precisam de ajuda, são vítimas da mente coletiva e de programação inconsciente. Para ser racista hoje, uma pessoa precisa de muito poder, um poder que não está mais disponível hoje devido ao progresso que fizemos em direção ao amor e à iluminação. Está escrito nas escrituras que a luz brilharia, o que significa que estamos em uma transição da escuridão para a luz. Agora precisamos fazer nossa parte, que é parar de patrocinar o sentimento de poder negativo, se alguém te confunde devido a cor da sua pele, ele não é racista, sabe aquele policial que ignora as outras pessoas só para revistar você porque você é de cor diferente? Eu já passei por isso, então esse policial é vítima da mente coletiva. As pessoas pensam dentro da caixa e isso as impede de usar a própria imaginação. Elas julgam você com base na opinião da maioria, então, é contra o julgamento coletivo que precisamos lutar. Se fizermos isso, será um grande salto e vamos motivar as pessoas a começar a pensar, e quando elas começarem a pensar, não teremos mais robôs, teremos seres humanos que podem separar ações de cor e cor de atitudes e emoções. Vamos deixar a expressão racista para os juízes, cabe a eles julgarem se foi racismo ou não.

2º Saiba o porquê você está aqui no planeta, de onde você veio e para onde você está indo, porque você não é o seu nome, você não é o seu sotaque, não é a sua raça, muito menos a sua nacionalidade. Essas são perguntas muito importantes que você pode fazer a si mesmo, porque as escolas a que somos forçados a ir não ensinam isso, só se interessam em padronizar nossos pensamentos e comportamentos, se você é diferente, não se encaixa na sociedade. Eu conheço um menino de quatro anos que foi banido do ônibus escolar porque ele não aceitava instruções sem motivos, o motorista já estava acostumado com os robôs, quando ele recebeu um menino que pensa por si mesmo, o baniu e não havia lugar para levá-lo, nem vontade de identificar por que ele se comporta de modo diferente. O motivo foi que ele queria uma explicação para cada instrução dada a ele, é um menino na frente de sua idade, e nossa sociedade não gosta disso, você deve pensar como um grupo e não como indivíduo.

Até hoje as pessoas não querem acreditar que nascemos gênios e à medida que crescemos, elas nos desconectam da fonte de inteligência para seguir o homem, e esse é o maior problema da Terra, as pessoas vêm aqui para ajudar e nós pensamos que sabemos tudo e começamos a bloqueá-las, fazê-las esquecer tudo o que sabem e quando chegam aos 21 anos, dependendo do país, o deixam ir, pois sabem que nessa idade as pessoas nunca voltarão à sua originalidade, já serão uma cópia daquelas pessoas que encontraram. Agora podemos chamá-las de adultas, e deixá-las correr atrás das coisas materiais, agora elas são um de nós, agora vão fazer exatamente como seus pais fizeram, correr atrás da casa, carro, apartamento como diz o meu mentor.

Acho que vai chegar um momento que, uma vez que você chegar à chamada vida adulta, você vai primeiro ter que desaprender tudo, para poder se conectar com a fonte novamente, fazer uma limpeza cerebral e, em seguida, decidir escolher o que você quer fazer da vida, e isso não está longe. Lembro-me da época em que os pais costumavam nos dizer com qual mulher deveríamos nos casar, que profissão deveríamos seguir e onde deveríamos viver, hoje eles sabem que não funciona mais e na maior parte do mundo isso já é história, então chegará um momento em que as faculdades vão te ensinar a cancelar seu passado e começar tudo de novo a partir da memória que você ainda pode lembrar, para você poder fazer aquilo que você prometeu fazer aqui na Terra.

É de elogiar o casal Svante Thunberg e Malena Ernman por permitirem que a filha Greta Thunberg, comece a praticar o seu propósito antes de se tornar adulta, porque do jeito que o ser humano está arruinando o planeta, precisa-se ter pessoas específicas para alertar sobre isso e quando elas não encontram resistência nos pais, o trabalho consegue ser feito com antecedência. Parabéns.

Para os jovens é muito importante olhar para os pais e fazerem algumas perguntas: eles são casados ou divorciados? Eles são financeiramente estáveis ou estão batalhando? Eles são felizes ou estressados? Se essas respostas forem negativas, então saiba que você foi programado negativamente, vai precisar mudar de frequência, que envolve desinstalar certos aplicativos e instalar novos, caso contrário, você será só mais uma cópia de seus pais. Quando eu era um adolescente, o homem mais forte do mundo era o Arnold Schwarzenegger e mais tarde fiquei sabendo que ele não era apenas forte fisicamente, mas também mentalmente. Foi na infância que tudo começou, quando ele tinha 14 anos, teve o privilégio de conhecer o seu ídolo, Yuri Potrovich Vlasou, e Arnold colocou a foto dele no seu quarto, o problema é que Yuri era soviético, como era chamado na época. Quando o pai de Arnold encontrou a foto no quarto do garoto, ordenou que removesse a foto do russo, o pai não gostava de russos por causa da experiência que ele teve durante a Segunda Guerra Mundial, o garoto destemido não removeu a foto e se tornou o primeiro ator a levar uma comitiva para gravar o primeiro filme americano em solo soviético. Talvez o seu pai seja mais agressivo do que o pai de Arnold, mas uma coisa é certa, não permita que os inimigos de seus país sejam seus inimigos, e se você for o pai dê uma chance para seu filho ser feliz, ele não precisa viver a mesma experiência que você teve.

3º Comece a ajudar as pessoas sem levar em consideração a cor da pele, quanto mais pessoas você ajudar, melhor você vai se tornar, não guarde o conhecimento apenas para si mesmo, e nunca pense que você é apenas uma gota no oceano, pelo contrário, você é uma das gotas e pode sim dar a sua contribuição. Deus pode usar quem ele quiser para ajudar a humanidade a progredir para o próximo nível e ele usa você de acordo com sua vibração, nunca voltaremos aos dias sombrios, daqui rumo à iluminação do nosso planeta.

Seu nome estará entre todos aqueles que encontraram um propósito aqui na Terra e lembrem-se, para encontrar seu propósito, nem sempre é o que eles ensinam, a encontrar o que você mais ama, às vezes seu propósito na vida não é sobre o que você ama, mas é sobre uma dor que você tem ou o que você abomina, e essa verdade ninguém lhe diz. Aqueles que conseguiram corrigir a dor se tornou seu propósito, porque eles podem ensinar sobre isso com autoridade. Trabalhei para um empresário que começou sua empresa por causa de uma dor familiar, ele correu atrás até encontrar uma solução de um problema de saúde, quando superou o problema familiar, passou a ajudar os vizinhos, hoje a empresa já está indo para outros países ao redor do mundo. Eu consegui acabar com o racismo porque o abominava, fui atrás e encontrei a solução e hoje estou aqui escrevendo o que fiz para sair dessa frequência.

O racismo só existe por causa do ódio, da falta de conhecimento e da falta de amor, ou seja, o ódio é o amor doente, quem aprende a amar pode eliminar o racismo, porque quando o amor aumenta, o ódio diminui, é uma lei e eu tenho orgulho de dizer que eu vivenciei essa mudança. Hoje eu faço tudo o que eu quero fazer neste planeta, vivo minha vida intensamente, a cor da minha pele não me impede de realizar meus sonhos. Eu aprendi que a cor da pele nunca é o problema, o grande problema é a mentalidade, e quando você vibra no amor, você nunca mais quer voltar para trás, porque o sentimento do amor é tão forte que não existe expressão humana para descrevê-lo.

17.

CONCLUSÃO

O racismo é um programa instalado na mente durante a gestação e infância, para não mencionar as informações e sentimentos que a gente herda no DNA, e esse programa faz você permanecer em baixa frequência vibracional, sentindo-se inferior ou superior com base na cor da pele, a boa notícia é que isso pode ser desinstalado com o conhecimento.

Para aqueles que dizem que o racismo nunca vai acabar, agora é o momento de rever os seus pensamentos, você pode estar certo, o racismo não acaba, mas você não precisa permanecer nessa vibração baixa, você pode sintonizar outra frequência mais alta, elevando os seus pensamentos e praticando o amor, vibrando no modo positivo. Essa vibração começa nos 400 hertz, o racismo só existe por causa da zona de conforto que ele proporciona, você que ainda está na frequência baixa, saiba que quando você elevar a sua frequência, a emissora racial vai fechar, isso acontece com muitas emissoras por falta de audiência, e nós seremos capazes de aumentar a vibração do nosso planeta em nossa galáxia. Se você tem uma fé e acredita que Deus fez tudo perfeito, o que não está indo perfeitamente não é culpa dele, é problema do homem, e uma vez que você assumir toda a responsabilidade de sua vida e parar de terceirizar seus problemas, você vai descobrir as maravilhas do universo, assim como eu fiz, o que atrasa a evolução do planeta é a mente coletiva, que faz as coisas ficarem onde estão.

E se você é ateu, está tudo bem, seja um ateu do bem, aquele que é próspero e respeita os outros, mas se for para ser ateu e achar que é inferior ou superior que os outros, não adianta, porque como ateu você tem vantagens de não ser doutrinado por religião nenhuma, então você consegue elevar a sua vibração sem preconceitos religiosos. Lembre-se que elevação vibracional é pessoal, por meio dela você consegue uma visão mais ampla do universo e das pessoas influentes e a sua visão é independente, você remove os tabus e preconceitos da sociedade, encontra a perfeição do universo, e essa perfeição é o que a gente chama de Deus. Ele é tudo que existe, você pode ser um ateu e respeitar a gravidade, a energia, as vibrações e terá as mesmas bênçãos de alguém que acredita, Deus trabalha com leis e não observando erros das pessoas.

Não se limite porque já tem alguém fazendo isso ou aquilo, nada é permanente, darei o último exemplo. No meu país há dois cantores, um muito famoso e outro iniciante, o iniciante escreveu uma música muito linda e não se achou digno de cantar a própria música, ele achou que se o cantor mais famoso a cantasse, a música teria mais sucesso e assim foi pedir para o cantor famoso cantar sua música. O famoso simplesmente recusou, e talvez não recusou por maldade, é que a fama chega num nível que deixa as pessoas cheias de projetos e sem tempo. Com a rejeição, o cantor iniciante ficou sem alternativa e decidiu cantar ele mesmo, sabe o que aconteceu? O cantor iniciante se tornou mais famoso do que o outro, de tanto sucesso que a música fez. Então sonhe alto, não se limite, porque nada está parado, tudo está em movimento o tempo todo, hoje você não é ninguém, amanhã você é o cara, acredite.

Não adianta dizer que os sul-africanos negros são ruins porque estavam queimando os seus irmãos, isso acontece em várias partes do mundo, só que muitas vezes não é divulgado. No meu país já teve esse tipo de violência contra nossos vizinhos, só para você entender que a doença é global, nenhuma raça é melhor do que a outra, o que precisamos fazer é elevar a vibração e sair da ignorância.

Já ouvi várias pessoas brancas dizerem que o racismo não existe, mas quando são confrontadas, elas não têm argumentos, dizem que a afirmação delas é por eles nunca terem vivido na cor negra. Agora é um negro contando a história pessoal.

Não podemos negar que houve épocas em que o racismo era bem forte, mas na verdade não é a diferença de cor, mas sim amor o amor doentio, ou seja, o ódio, o poder das trevas que era tão forte, como vimos em capítulos anteriores, e das atrocidades que aconteceram neste planeta. Então o racismo serve como uma make-up para esconder a realidade e essa evolução que você vê no planeta, na tecnologia e outras áreas é uma pequena fração da evolução espiritual que está acontecendo no nosso planeta, é vontade de Deus que despertemos para a realidade, para que acordemos da sonolência espiritual, porque o desenvolvimento que está acontecendo não é pela vontade do homem, é uma intervenção espiritual para a evolução humana.

E para terminar, o racismo não existe, o que existe é uma doença emocional coletiva e contagiosa que assola a humanidade, criando ódio, guerras, ganância, medo e deixando as pessoas numa vibração baixa. Se Jesus Cristo viesse hoje, qual é a certeza que aceitaríamos a mensagem dele? Uma mensagem contrária com a vibração do mundo, o ser humano sente mais prazer no ódio do que no amor, por isso tivemos a Primeira e a Segunda Guerra Mundial, tivemos o Holocausto, o genocídio, temos a xenofobia, a homofobia, o feminicídio, o racismo, o ódio que causou esses todos conflitos é o mesmo que matou Gandhi, o mesmo que matou Martin Luther king, também é o mesmo que colocou Nelson Mandela na prisão durante 27 anos. Esse ódio só dói quando você é a vítima, quando você é o opressor é prazeroso, mas no momento em que você se reveste de amor, você não sente mais prazer pela dor do outro, por isso Jesus Cristo ensinou para tratar os outros da maneira que gostaríamos de ser tratados. Se obedecêssemos a essa instrução, não teríamos os problemas que temos hoje, e não adianta dividir o problema em subtítulos para esconder a realidade, você só vencer esse problema quando assume a realidade, e lembra-se de que a cor da pele nunca foi e nunca será um problema, o problema é a mentalidade, vamos combater a mentalidade medíocre e não cores.

Espero que tenha gostado desse livro e se você por acaso não entendeu nada, o que eu quis dizer é que existem dois lados aqui no planeta terra, o lado da luz que é o lado do bem, o lado de Deus e o lado das trevas que é o lado do mal, no passado as pessoas da luz era apagadas imediatamente mas elas continuaram se infiltrando para iluminar o planeta e os das trevas criaram a chamada Matrix que é o mundo da ilusão para manter a escuridão e essa Matrix criou várias coisas que não existem para poder alimentar o sistema, e essas coisas que não existem, uma delas é o racismo, a pobreza também não existe, as doenças não existem, o sofrimento não existe, tudo isso é o que suporta a matrix, quando a quantidade de pessoas de luz serem maior que as das trevas, tudo isso vai colapsar e a verdade vem a tona, então, seja da luz você também.

Eu escolhi o amor.

Paz e luz para todos os leitores!

REFERÊNCIAS

AUR, Deise. Escala de Hawkins: a influência das emoções na energia da vida. *GreenMe,* 30 set. 2021. Disponível em: https://www.greenme.com.br/viver/segredos-para-ser-feliz/78427-escala-de-hawkins/. Acesso em: 14 ago. 2022.

AKHENATON, *Wikipedia*, 2 nov. 2021. Disponível em: https://pt.wikipedia.org/wiki/Aquen%C3%A1ton. Acesso em: 3 out. 2022.

BIBLIA, NEW WORLD, *Translaion of the holy scriptures, Portuguese* (edição Brasileira).

BARBOSA, Joaquim, *Wikipedia.* 2 nov. 2021. Disponível em: https://pt.wikipedia.org/wiki/Joaquim_Barbosa. Acesso em: 3 out. 2022.

BRACO, **Josip Grbavac,** *Curandeiro.* 2 nov. 2021. Disponível em: https//en.wikipedia.org/wiki/Braco_(faith_healer). Acesso em: 14 ago. 2022.

BRAGA, Tiago; LYRIO, Gabriel. A lei da vibração e a ciência do som visível (cimática). *Fractalscience,* 5 fev. 2020. Disponível em: https://fractalscience.org/a-lei-da-vibracao-e-a-ciencia-do-som-visivel-cimatica/. Acesso em: 1 jun. 2022.

ENGLER, Jackson. Ágatha evolução, curso formação especialista vibracional Ágatha. Disponível em: https://www.instagram.com/agatha_evolucao/. Acesso em: 1 jun. 2022.

HÉLIO, Couto. *Mentes in-formadas ondas de informação arquetípicas.* Coleção Metafísica. São Paulo: Linear B Editora, 2017.

HILL, Napoleon. *Quem pensa enriquece.* Introdução de Jamil Albuquerque. 1. ed. Porto Alegre: Editora Cidatel, 2020.

HILL, Napoleon. *A lei do triunfo:16 lições praticas para o sucesso.* Tradução Fernando Tude de Souza. Rio de Janeiro: Jose Olympio, 2015.

IWEALA, Ngozi, *Wikipedia*, 2 nov. 2021. Disponível em: https://pt.wikipedia.org/wiki/Ngozi_Okonjo-Iweala. Acesso em: 3 out. 2022.

JACKSON, Michael. *Wikipedia,* 2 nov. 2021. Disponível em: https://pt.wikipedia.org/wiki/Michael_Jackson. Acesso em: 3 out. 2022.

KIYOSAKI, Robert; LECHTER, Sharon. *Pai rico, pai pobre*: o que os ricos ensinam a seus filhos sobre dinheiro. Tradução de Maria José Cyhlar Monterio. Rio de Janeiro: Campus, 2000.

LINCOLN, Abraham, *Wikipedia*, 2 nov. 2021. Disponível em: https://pt.wikipedia.org/wiki/Abraham_Lincoln. Acesso em: 3 out. 2022.

LOPES, Leila. *Wikipedia*, 2 nov. 2021. Disponível em: https://pt.wikipedia.org/wiki/Leila_Lopes_(Miss_Universo). Acesso em: 3 out. 2022.

MATRIX, o filme. Direção de Lina Wachowski e Lily Wachowski. EUA: Warner Bros., 1999.

MURPHY, Joseph. *O Poder do subconsciente*: descubra sua força interior que pode direcionar o seu caminho para a saúde, riqueza e felicidade. Tradução de Eduardo Silva Pereira. Boituva, 2015.

MANDELA, Nelson. *Wikipedia*, 2 nov. 2021. Disponível em: https://pt.wikipedia.org/wiki/Nelson_Mandela. Acesso em: 3 out. 2022.

NASCIMENTO, Edson. *Wikipedia*, 2 nov. 2021. Disponível em: https://pt.wikipedia.org/wiki/Pel%C3%A9. Acesso em: 3 out. 2022.

OBAMA, Michele. *Wikipedia*, 2 nov. 2021. Disponível em: https://pt.wikipedia.org/wiki/Michelle_Obama. Acesso em: 3 out. 2022.

OBAMA, Barack. *Wikipedia*, 2 nov. 2021. Disponível em: https://pt.wikipedia.org/wiki/Barack_Obama. Acesso em: 3 out. 2022.

PELANCA-NEGRA-GIGANTE. *Wikipedia*, 2 nov. 2021. Disponível em: https://pt.wikipedia.org/wiki/Palanca-negra-gigante. Acesso em: 14 ago. 2022.

PROCTOR, Bob. *Você nasceu rico*. 2. ed. Tradução de Ilda Pegorini. Curitiba: Editpress, 2018.

ROBBINS, Tony. *Desperte seu gigante interior*: como assumir o controle de tudo em sua vida. Tradução de Haroldo Netto, Pinheiro de Lemos. Rio de Janeiro, 2017.

ROBBINS, Tony. *Poder sem limites*: a nova ciência do sucesso pessoal. Tradução de Muriel Alves Brasil. Rio de Janeiro, 2017.

SCHWARZENEGGER, Arnold. Disponível em: https://www.linkedin.com/in/arnold-schwarzenegger/. Acesso em: 10 mar. 2022.

SILVER, Jose e Philip Mieli, O método silva de controle mental, o sistema que está proporcionando uma nova alegria de viver a milhões de pessoas. Tradução de Henrique de Sá e Benevides. 9 ed. Rio de Janeiro: Record.

TOLLE, Eckhart. O poder do agora: um guia para a iluminação espiritual. Tradução de Iva Sofia Gonçalves Lima. Rio de Janeiro: Sextante, 2010.

THUNBERG, Greta, *Wikipedia*, 2 nov. 2021. Disponível em: https://pt.wikipedia.org/wiki/Greta_Thunberg. Acesso em: 3 out. 2022.

TRÊS INICIADOS. *O Caibalion, um estudo da filosofia hermética do Antigo Egito e da Grécia*. Tradução, apresentação e notas de Edson Boni. São Paulo: Mantra, 2019.

WILL, Smith com Mark Manson. *Will.* Tradução de Jim Anotsu. 1 ed. Rio de Janeiro, BestSeller, 2021.

WINFREY, Oprah. *Wikipedia*, 2 nov. 2021. Disponível em: https://pt.wikipedia.org/wiki/Oprah_Winfrey. Acesso em: 3 out. 2022.

WALSCH, Neale Donald. Conversando com Deus, o diálogo que vai mudar a sua vida. Tradução de Maria Clara de Biase W. Fernandes. Rio de Janeiro: BestSeller, 2021.

WELWITSCHIA MIRABILIS, *Wikipedia*, 2 nov. 2021. Disponível em: https://pt.wikipedia.org/wiki/Welwitschia. Acesso em: 14 ago. 2022.